Kontrastiva studier i nederländska och svenska
Med en inledning om tredjespråksinlärning och tvärspråklig medvetenhet

Annika Johansson

Published by
Stockholm University Press
Stockholm University
SE-106 91 Stockholm, Sweden
www.stockholmuniversitypress.se

Text © The Author 2019
License CC-BY

Supporting Agency (funding): De Nederlandse Taalunie (Nederländska språkunionen); Petra och Karl Erik Hedborgs Stiftelse; Institutionen för slaviska och baltiska språk, finska, nederländska och tyska

First published 2019
Cover designed by Karl Edqvist, Stockholm University Press

Stockholm German and Dutch Studies (Online) ISSN: 2002-1992

ISBN (Paperback): 978-91-7635-103-1
ISBN (PDF): 978-91-7635-100-0
ISBN (EPUB): 978-91-7635-101-7
ISBN (Mobi): 978-91-7635-102-4

DOI: https://doi.org/10.16993/baz

This work is licensed under the Creative Commons Attribution 4.0 Unported License. To view a copy of this license, visit creativecommons.org/licenses/by/4.0/ or send a letter to Creative Commons, 444 Castro Street, Suite 900, Mountain View, California, 94041, USA. This license allows for copying any part of the work for personal and commercial use, providing author attribution is clearly stated.

Suggested citation:
Johansson, A. 2019. *Kontrastiva studier i nederländska och svenska: Med en inledning om tredjespråksinlärning och tvärspråklig medvetenhet.* Stockholm: Stockholm University Press. DOI: https://doi.org/10.16993/baz. License: CC-BY.

 To read the free, open access version of this book online, visit https://doi.org/10.16993/baz or scan this QR code with your mobile device.

Stockholm German and Dutch Studies

Stockholm German and Dutch Studies (SGDS) (ISSN 2002-1992) is a peer-reviewed series of monographs and edited volumes published by Stockholm University Press. SGDS strives to provide a broad forum for research on the German and Dutch languages, cultures, and literature from all periods. In terms of subjects and methods, the journal encompasses contrastive linguistics, language structure, variation, meaning and discourse, both spoken and written language in all genres, as well as literary scholarship in a broad sense.

Book proposals in the field of cultural studies are especially welcome. It is the ambition of SGDS to place high demands on the academic quality of the manuscripts it accepts, equal to those applied by refereed international journals and academic publishers of a similar orientation. SGDS accepts manuscripts in German, Dutch, English, Swedish, Danish, and Norwegian.

Editorial Board

Elisabeth Herrmann, associate professor of German at Stockholm University
Annika Johansson, lecturer in Dutch at Stockholm University
Charlotta Seiler Brylla, associate professor of German at Stockholm University
Elisabeth Wåghäll Nivre (Chair), professor of German at Stockholm University, chairperson

Titles in the series

1. Lundström, K. 2015. *Polemik in den Schriften Melchior Hoffmans: Inszenierungen rhetorischer Streitkultur in der Reformationszeit.* Stockholm: Stockholm University Press. DOI: https://doi.org/10.16993/bae

2. Johansson, A. 2019. *Kontrastiva studier i nederländska och svenska: Med en inledning om tredjespråksinlärning och tvärspråklig medvetenhet.* Stockholm: Stockholm University Press. DOI: https://doi.org/10.16993/baz

Principer för sakkunniggranskning

Stockholm University Press har sakkunniggranskat denna publikation i två steg. Bokförslaget har skickats till ett redaktionsråd av experter inom ämnesområdet samt till två oberoende experter. Det fullständiga bokmanuset är granskat i sin helhet av två oberoende experter. En utförlig beskrivning av förlagets riktlinjer för sakkunniggranskning finns på webbplatsen: http://www.stockholmuniversitypress.se/site/peer-review-policies/
Redaktionsrådet för Stockholm German and Dutch Studies tilllämpar enkel sakkunniggranskning. Vi vill tacka alla granskare som är involverade i denna process.

Tack till granskare

Ett särskilt tack riktas till dem som har sakkunniggranskat denna bok innan publicering:
Joost Roger Robbe, vetenskaplig assistent, Institut för kommunikation och kultur, Århus universitet
Åke Viberg, Professor emeritus i lingvistik, Uppsala Universitet

Innehåll

Inledning 1
Tredjespråksinlärning och transfer 2
Metalingvistisk och tvärspråklig medvetenhet 7
Kontrastiv analys 10

1. **Rumsliga uttryck för befintlighet och riktning** 15
   Befintlighets- och riktningsuttryck i svenska 16
   Befintlighets- och riktningsuttryck i nederländska 18
   Hier, daar och waar 18
   Binnen-buiten, thuis-weg, boven-beneden 19
   Verbet *komen* 24
   Sammanfattning 25

2. **Kopulaverb och deras kategorisering** 28
   Nederländska och svenska i kontrast 29
   Verbets aktion 32
   Verb som ersätter *worden* (avgränsad aktion) 32
   Verb som ersätter *zijn* (oavgränsad aktion) 34
   Sammanfattning 35

3. **Opersonlig passiv och opersonliga konstruktioner** 37
   Passivkonstruktionens funktion 38
   Den opersonliga passivkonstruktionen 39
   Transitiva och intransitiva verb i opersonlig
      passivkonstruktion 44
   Avgränsad och oavgränsad aktion samt särdraget kontroll 46
   Opersonliga konstruktioner 48
   Sammanfattning 54

4. **Positionsverb** 56

   Positionsverbens semantiska nätverk i nederländska och svenska 59
   Stå-staan 61
   Ligga-liggen 64
   Sitta-zitten 68
   Vara-zijn 74
   Sammanfattning 75

5. **Avslutande diskussion** 78

Litteraturlista 83

Jag vill rikta ett tack till De Nederlandse Taalunie (Nederländska språkunionen) som har bidragit ekonomiskt till forskningsprojektet om kontrastiva studier i nederländska och svenska, till Petra och Karl Erik Hedborgs Stiftelse som har bistått med ett tryckbidrag till boken och till professor emeritus Staffan Hellberg för läsningen av en tidigare version av bokmanuset.

Inledning

Nederländska och svenska är två närbesläktade germanska språk med många strukturella likheter. Nederländska är ett västgermanskt språk och svenska tillhör gruppen nordgermanska språk. Fokus i den här boken ligger på att beskriva ett antal nederländska och svenska språkstrukturer kontrastivt för att kunna synliggöra både likheter och skillnader. Boken tar även upp språkinlärningsperspektivet eftersom de språkstrukturer som tas upp i boken har uppmärksammats som komplicerade att lära in.[1] Svenska och nederländska studeras främst som tredjespråk av vuxna inlärare på universitetsnivå. De tillhör inte de klassiska skolspråken, såsom engelska, tyska, franska eller spanska, som studeras redan i grundskolan och på gymnasiet. Inlärare av nederländska och svenska har därmed andra förutsättningar och oftast tillgång till flera s.k. bakgrundsspråk som påverkar inlärningsprocessen. Engelskan utgör ett viktigt bakgrundsspråk men även de andra klassiska skolspråken som nämnts ovan. I samband med tredjespråksperspektivet diskuteras även metalingvistisk och tvärspråklig medvetenhet som didaktiskt redskap.[2] De språkstrukturer som boken tar upp beskrivs kontrastivt för att inlärare med svenska som modersmål som studerar nederländska och inlärare med nederländska som modersmål som studerar svenska ska få en djupare förståelse av ett antal specifika strukturers betydelse, kategorisering, funktion och användning, både praktiskt och teoretiskt. Boken kan med fördel användas i CLIL (*content and language integrated learning*) där det språkvetenskapliga innehållet kan kopplas till språkfärdighetsundervisningen i nederländska

---

Hur du refererar till det här kapitlet:
Johansson, A. 2019. *Kontrastiva studier i nederländska och svenska: Med en inledning om tredjespråksinlärning och tvärspråklig medvetenhet.* Pp. 1–13. Stockholm: Stockholm University Press. DOI: https://doi.org/10.16993/baz.a License: CC-BY.

respektive svenska tack vare det kontrastiva upplägget. På så sätt kombinerar man i undervisningen ett språkvetenskapligt perspektiv om hur språks strukturer fungerar med språkinlärningsperspektivet där inlärarens språkfärdighet i nederländska och/eller svenska kan utvecklas.

Bokens upplägg ser ut på följande sätt: först behandlas fältet tredjespråksinlärning med några transferhypoteser som utgångspunkt. Vidare diskuteras metaspråklig medvetenhet och mer specifikt tvärspråklig medvetenhet med koppling till tredjespråksinlärning. Därefter följer de kontrastiva studier som utgör bokens tyngdpunkt och följande språkliga strukturer i nederländska och svenska tas upp: rumsliga uttryck för befintlighet och riktning, kopulaverb och deras kategorisering, opersonliga passivkonstruktioner och opersonliga konstruktioner samt slutligen positionsverben *staan, liggen* och *zitten* respektive *stå, ligga* och *sitta*.

Tredjespråksinlärning och transfer

Ur forskningsfältet inlärning av andraspråk (L2) har forskning om inlärning av tredjespråk (L3) vuxit fram på senare år. Nederländska och svenska är typiska så kallade L3 på så vis att de i princip inte är skolspråk såsom franska, tyska, spanska m.fl. Skolspråken lärs in som andraspråk i grundskola och gymnasium (givetvis kan något av skolspråken också vara ett L3). Inlärare av L3 studerar oftast språket i andra sammanhang, till exempel som nybörjarspråk på universitetet. Andraspråksinlärning var inledningsvis en term som täckte alla språk som lärdes in efter L1. Begreppen L1, L2 och L3 (samt Ln) skapar en uppfattning om att inlärningen av flera språk följer en viss kronologi. Hur inlärarens språkliga bakgrund ser ut varierar dock från individ till individ eftersom en inlärare kan vara enspråkig/tvåspråkig/flerspråkig och sedan lära sig ytterligare språk. Termen tredjespråk handlar alltså främst om språk man lär sig som vuxen eller ung vuxen och inte som barn eftersom dessa språk räknas som L1. Utifrån detta perspektiv har vuxna inlärare av nederländska och svenska oftast en språklig bakgrund där ett eller flera av världsspråken tidigare lärts in och då främst engelska. Vi ger ett exempel: en inlärare har svenska som L1 och börjar i tidig ålder lära sig engelska i

Inledning 3

grundskolan som L2 och ytterligare några år senare börjar hen att studera spanska i grundskolan vilket då blir L3. När nederländskan kommer in i bilden som nybörjarspråk på universitetet tar det över som L3 och spanskan och engelskan fungerar nu båda som L2. Generellt brukar man säga att L1 är infött och L2 icke-infött och med anknytning till detta kan L3 definieras:

> Ett tredjespråk (L3) är ett icke-infött språk som lärs eller används i en situation där personen redan har kunskaper i ett eller flera L2 vid sidan av ett eller flera L1. (Hammarberg 2016:38).

Exemplet och citatet ovan innebär att L3 inte behöver vara inlärarens tredje språk kronologiskt sett utan definitionen hänvisar till att termen L3 används för att beskriva en aktuell inlärningssituation, dvs. det gäller en pågående inlärning av ett språk som är icke-infött och minst två språk har lärts in tidigare. Det som definitionen av L3 även tar hänsyn till är bakgrundsspråken, alltså L1 och redan bekanta L2, vilket ger vid handen hur komplex inlärarens språkbakgrund är i den situation då språket lärs in och används (Hammarberg 2016:38). Definitionen ovan av L3 är således betydelsefull för att komma bort från tanken att språk lärs in kronologiskt. Språk lärs just sällan in sekventiellt och nivån på språkbehärskningen av tidigare inlärda språk är dessutom ofta inte likvärdig. Därutöver är språkbehärskning föränderlig över tid. I vissa fall är till exempel kunskapen i ett L2 endast passiv med hör- och läsförståelse och i ett annat L2 near-native hos inläraren trots att det språket lärdes in senare. Det blir därmed problematiskt att avgöra hur inlärarens språkkronologi ser ut. Anledningen till att forskningsfältet L3 har uppkommit hänger ihop med att man vill fokusera på flerspråkigheten hos inlärarna för att bl.a. didaktiskt använda sig av inlärarens kompetens och komplexa språkbakgrund som resurs i språkundervisningen.

Inom forskningsfältet tredjespråksinlärning studeras bl.a. det som kallas tvärspråklig influens[3]. Tvärspråklig influens definieras av Odlin på följande sätt: "the influence resulting from the similarities and differences between the target language and any other language that has been previously (and perhaps imperfectly) acquired" (1989:27). Kellerman & Sharwood-Smith (1986:1) använder istället termen transfer i betydelsen "those processes that lead to the incorporation of elements from one language to another". Utmärkande för dessa definitioner är att tvärspråklig influens eller transfer uppfattas som enriktad, dvs. det är bara L1 och/eller L2 som påverkar L3, inte det motsatta. Därför har Jessner, Megens & Graus föreslagit begreppet tvärspråklig interaktion (crosslinguistic interaction) för att förtydliga den flerriktade process som tvärspråklig influens eller transfer kan utgöra (2016:196-197). Cook menar vidare att transfer handlar om flerriktade processer mellan flera språk hos inläraren (2016:35). Processen kan således fungera i motsatt riktning där de s.k. bakgrundsspråken (L1 och L2) påverkas av inlärarens L3. Det som alltså kallas tvärspråklig influens eller transfer kan spela en viktig roll hos svenskspråkiga inlärare av nederländska och nederländskspråkiga inlärare av svenska där den nederländska eller svenska som lärs in påverkas av ett eller flera bakgrundsspråk.

I det följande kommer termen transfer att användas istället för tvärspråklig influens. Vid tredjespråksinlärning anses just transfer ha stor betydelse eftersom inläraren har fler språk att transferera språkliga element från än endast L1 och möjligheten att språkliga element därmed transfereras även från L2 till L3 är inte försumbar (De Angelis & Selinker 2001). Vidare kan man lyfta fram att transfer både kan vara positiv respektive negativ. Positiv transfer sker när inläraren använder likheter mellan språken i sin inlärningsprocess och kan därmed dra fördelar av dessa. När inläraren inte uppfattar skillnader mellan språkstrukturer i språken och transfererar en struktur från ett språk till ett annat trots att strukturen inte överensstämmer mellan språken kan s.k. negativ transfer äga rum.

I tidig forskning om andraspråksinlärning hänvisades till transfer från L1. Vid introduktionen av forskningsfältet L3 skiftar fokus till att flera bakgrundsspråk alltså kan påverka inlärningen. Vilket bakgrundsspråk som favoriseras som transferkälla styrs av olika samverkande faktorer, enligt Hammarberg (2016:46):

- graden av aktualitet, dvs. hur mycket språket har använts nyligen
- inlärarens färdighetsnivå i bakgrundsspråket

- graden av typologisk likhet mellan bakgrundsspråket och L3
- L2-status dvs. språkets egenskap av att vara ett L2 och därmed ett främmande språk för inläraren och därför transfereras detta i första hand, inte L1 i sin status som icke främmande språk.

I forskning om transfer har ett antal hypoteser ställts upp som försöker komma fram till vilket eller vilka språk som utgör den främsta transferkällan vid inlärning av ett tredjespråk. I följande avsnitt diskuteras tre relevanta transferhypoteser inom tredjespråksforskningen.

Transferhypotesen om L2:s status som främsta transferkälla har visat sig vara en viktig faktor i inlärningen av L3 (Hammarberg 2001:22-23). Om inlärarens språkliga kompetens i L2 är på hög nivå tycks L2 i större utsträckning ha influens på L3 än L1 samt om L2 nyligen har aktiverats och då främst i naturtrogna situationer. I ett tidigt inlärningsskede av L3 kan influens från L2 spela en roll p.g.a. att båda språken har status som "främmande språk" och att inläraren undertrycker eller blockerar L1 eftersom det inte uppfattas som främmande av inläraren (Hammarberg 2001:36-37). Det sociala sammanhanget utgör också en skillnad eftersom L1 lärs in i en hemmiljö där en förtrolig interaktion står i centrum mellan förälder och barn (se till exempel Boers, De Rycker & De Knop 2010:6). L2-statusfaktorn kopplas ihop med en liknande formell inlärningssituation för L2 och L3 på ett kognitivt plan vilket är en skillnad med L1 där språket lärs in som en omedveten process. Inlärning av L2 och L3 sker med medvetenhet om själva inlärningsmomentet (speciellt om det sker i en klassrumsmiljö), med metalingvistisk medvetenhet (till exempel att det finns skillnader och likheter i struktur mellan språk) och olika tekniker/metoder aktiveras i motsats till inlärning av L1 (Bardel & Falk 2012:68). Inläraren av L3 har erfarenhet av hur man lär sig språk från tidigare inlärning av L2. Detta kan alltså bidra till influens från L2 vid inlärning av L3 och gäller speciellt för vuxna inlärare. Det bör noteras att L2-statusfaktorn kan utebli eller bli mindre avgörande hos en flerspråkig person som i mycket unga år lärt sig ett specifikt L2. Då får L2 snarare samma roll som L1. Det ser man vad gäller engelskans roll i det svenska skolsystemet där språket lärs in som tidig L2.

Typologisk likhet har även diskuterats vid språkinlärning och innebär att om L3 uppvisar större språkligt släktskap med till exempel ett L2 än L1 kan L2 ha stort inflytande vid inlärningen av L3. Även det motsatta gäller och om L1 och L3 uppvisar släktskap kan transfer ske från L1 till L3. Kellerman (1983) har myntat begreppet psykotypologi vilket innebär att inlärare transfererar fler element från det språk som hen uppfattar ligga typologiskt närmast L3 oavsett om släktskapet är vetenskapligt belagt eller ej.

Ytterligare två relevanta transferhypoteser är *The Cumulative-Enhancement Model* (Flynn, Foley & Vinnitskaya 2004) och *The Typological Primacy Model* (Rothman 2011). *Cumulative-Enhancement Model* utgår ifrån att universalgrammatiken är tillgänglig för inläraren vid inlärningsprocessen och att processen är ackumulativ, dvs. alla språk som inläraren behärskar aktiveras vid inlärningen av ett nytt språk. Enligt modellen har tidigare inlärda språk endast positivt inflytande eller är neutrala beträffande transfer (2004:5). Negativ transfer är därmed inte relevant och om transfer förekommer är den således uteslutande positiv. *Typological Primacy Model* menar att transfer kommer från det språk som inläraren upplever har störst typologiskt släktskap beträffande en viss struktur, dvs. antingen från L1 eller L2 (jfr. Kellerman 1983 ovan). Positiv transfer innebär att inläraren väljer det språk som uppvisar störst släktskap beträffande en viss språkstruktur och gör ett korrekt val. Negativ transfer innebär att inläraren inte väljer det språk som uppvisar störst släktskap beträffande en viss språkstruktur. Inläraren gör därmed ett inkorrekt val. Hypotesen utgår även ifrån att inläraren inte bara använder ett enda språk som transferkälla utan både L1 och L2 kan aktiveras.

Kunskap om tredjespråksinlärning och transferhypoteserna kan slutligen kopplas till språkfärdighetsundervisning. I en situation där inlärarens L1 är närbesläktat med det L3 som lärs ut (vilket är fallet med nederländska och svenska) bör detta tas till vara eftersom inlärarna har en annan utgångspunkt än inlärare med ett L1 som inte är närbesläktat med L3. På så vis kan man fokusera på typologisk närhet som didaktisk metod för att undvika att L2-statusfaktorn aktiveras hos inläraren. Språklig närhet gör dessutom att inlärningen startar från en högre kunskapsnivå. Ringbom menar att inlärare i ett inledande skede av sin inlärning bör dra nytta av likheterna mellan språken och att det hjälper dem att etablera det han kallar tvärspråklig ekvivalens. För avancerade inlärare med modersmålsliknande kompetens är däremot tvärspråkliga likheter mindre viktiga (Ringbom 2007:92-93). Av den anledningen föreslår han att språkliga likheter kan överdrivas på nybörjarnivån i språkfärdighetsundervisningen som pedagogiskt redskap även om det kan resultera i vissa felaktigheter. Längre fram i inlärningsprocessen justeras normalt dessa felaktigheter hos inläraren (Ringbom 2007:112). Detta i kombination med språkstrukturella likheter mellan L1 och L3 skapar en gynnsam inlärningssituation där positiv transfer kan stimuleras. Odlin menar dessutom att om man drar nytta av positiv transfer vid inlärningen kan det frigöra kognitivt utrymme hos inläraren för att istället fokusera på andra delar av språkinlärningen (Odlin 2003:441).[4] Det finns ytterligare fördelar med att fokusera på språkliga likheter i språkfärdighetsundervisningen då det kan lägga grunden till metalingvistisk och tvärspråklig medvetenhet vilket diskuteras mer utförligt i följande avsnitt.

Metalingvistisk och tvärspråklig medvetenhet

Språkinlärning är en komplex process vilket ovan nämnda faktorer som påverkar tredjespråksinlärning visar. För att förstå denna komplexitet har individuella faktorer hos inläraren kommit att spela en större roll i forskningen under senare år och bl.a. metalingvistisk medvetenhet nämns i detta sammanhang. Diskussionen om metalingvistisk medvetenhet kopplas då till individens språkliga bakgrund där positiva effekter av flerspråkighet lyfts fram. Det faktum i sig att en individ behärskar två eller flera språk, talar för att hen har skaffat sig en specifik eller större metalingvistisk medvetenhet än enspråkiga individer. Metalingvistisk medvetenhet innebär enligt Jessner (2006:42):

> (...) the ability to focus attention on language as an object in itself or to think abstractly about language and, consequently, to play with or manipulate language. A multilingual certainly makes more use of this ability than a monolingual.

Citatet ovan syftar på att språkbrukaren kan tala och resonera om språket själv, dess struktur och funktion. Den mer allmänna metalingvistiska medvetenheten om språk kan kopplas till mer specifik kunskap om hur två eller några språks strukturer förhåller sig till varandra vilket i sin tur benämns tvärspråklig medvetenhet. Det är en sak att behärska olika språk, till exempel svenska, engelska och tyska men att ha kunskap om dessa språks relation till varandra är en specifik kunskap i sig. Det innebär två processer där den metalingvistiska medvetenhet handlar om en allmän förmåga att förstå hur språk fungerar medan tvärspråklig medvetenhet fokuserar på länken mellan språks specifika strukturer (jfr. till exempel Jessner, Megens & Graus 2016:206-208). James tar avstamp i språklig medvetenhet och kopplar ihop klassisk kontrastiv analys med tvärspråklig medvetenhet hos inläraren (1996:143). James menar att det således går att säga att en tvärspråkligt kompetent inlärare uppmärksammar att en struktur i L1 liknar en struktur i det L2 hen lär in och på så vis tänker inläraren kontrastivt. Flerspråkiga personer använder sig ofta av denna strategi eftersom de har flera språk att tillgå och har stor erfarenhet av språkinlärning. Vid tredjespråksinlärning handlar det inte huvudsakligen om kontrasten L1 och L2 utan om individer som behärskar flera språk som de drar nytta av (jfr. James 1996). Som en konsekvens utvecklar dessa flerspråkiga inlärare i större utsträckning än enspråkiga eller tvåspråkiga inlärare bättre inlärningsstrategier (De Angelis, Jessner & Kresic 2015:1).

Metalingvistisk medvetenhet och steget till specifikt tvärspråklig medvetenhet kan alltså fylla en viktig funktion vid tredjespråksinlärning. Fokus på tvärspråklig medvetenhet kan användas som ett didaktiskt verktyg i själva lärandemiljön genom att fokusera på och fördjupa kunskapen hos inlärare om specifika språkliga strukturer kontrastivt, både hos L1, L2 och L3. Beroende på språklig struktur och språkens typologiska närhet kan L1 eller L2 ses som en resurs vid inlärningen av L3. Eftersom en inlärare kan dra fel slutsatser om vilket språk eller språklig struktur som ska transfereras menar James att det tyder på att inlärarens intuition om ett samband mellan två språk ibland kan vara felaktig (1996:139). Odlin resonerar på ett likartat sätt och menar att det inte finns någon garanti för att en inlärare av ett språk som

Inledning 9

är närbesläktat med L1 automatiskt kommer att dra rätt slutsats om hur en språkstruktur mer exakt överensstämmer sinsemellan (2003:443).

Det är därför som denna boks fokus på att beskriva ett antal strukturer i nederländska och svenska kontrastivt kan medvetandegöra – bl.a. hos inlärare – hur de två språken förhåller sig till varandra på en djupare nivå.

I en undersökning av Falk, Lindqvist & Bardel (2013) testas det som författarna kallar explicit metalingvistisk kunskap i L1 och vilken roll den spelar för transfer vid inlärning av L3. Explicit metalingvistisk kunskap definieras här som en medveten kunskap om språkregler i ett visst språk. I undersökningen utgår forskarna ifrån att transfer normalt sker från L2 och att L2-statusfaktorn aktiveras vid tredjespråksinlärning (se ovan). Deltagarna i undersökningen har svenska som L1, engelska som L2 och ytterligare minst ett romanskt språk som L2. Inlärarna testas sedan vid inlärningen av nederländska som nybörjarspråk på ett tidigt stadium. Mer specifikt ska experimentet besvara hypotesen om en liknande struktur i nederländskan och svenskan – framförställt adjektiv i nominalfrasen, 'det gröna huset' – producerades korrekt i större utsträckning av de informanter som har högre explicit metalingvistisk kunskap i svenska än de som hade lägre metalingvistisk kunskap. Det visade sig att det finns en signifikant korrelation mellan hög metalingvistik kunskap om svenskans struktur (L1) och korrekt muntlig produktion av adjektivet i nominalfrasen i nederländska (L3) vilket indikerar transfer från L1. Forskarna drar även slutsatsen att korrelationen låg metalingvistisk kunskap i L1 (här svenska) och felaktig muntlig produktion av adjektivet i nominalfrasen i L3 (här nederländska), till exempel *het huis groen* 'huset grönt' istället för *het groene huis* 'det gröna huset', indikerar transfer från L2 (här ett romanskt språk). Alla deltagare hade samma near-native kompetens i engelska vilket utesluter engelskan som transferkälla i experimentet.

Av denna studie samt av det som tagits upp ovan kan man anta att fokus på metalingvistisk medvetenhet har relevans vid språkinlärning. Denna kompetens – som inlärare som redan behärskar flera språk ofta besitter – kan dessutom fördjupas. Det är här tvärspråklig medvetenhet kommer in och denna boks kontrastiva studier. Kunskap om olika språkstrukturer i svenska och nederländska kan förstärka tvärspråklig medvetenhet om dessa två språk vilket i förlängningen främjar språkinlärningen hos inlärare av språkparen svenska och nederländska som L3.

Kontrastiv analys

Jämförelser av världens språk kan göras på olika nivåer och med olika utgångspunkter. Inom språktypologin studerar man språks olika lingvistiska system och gör jämförelser av dessa språksystem. En viktig drivkraft är att upptäcka återkommande språkliga mönster hos språken för att, som Velupillai (2012:15-16) skriver, kunna svara på följande frågor:

"what is out there?", "where does it occur?" and "why do we have particular patterns?". If we want to formulate hypotheses about the unity, diversity, potentials and limits of human languages, we need to know what human language is capable of.

Ett sätt att undersöka detta på är att klassificera genetiskt släktskap hos världens språk. Därefter kan språken delas in i olika språkfamiljer. För att kunna dela in världens språk i olika familjer studeras ett antal universella språkstrukturer som jämförs hos tiotals eller hundratals språk. Språktypologin ägnar sig emellertid inte i första hand åt djupanalys av olika språkliga strukturer. Utgångspunkten är att studera allmänna, universella språkliga drag. Inom kontrastiv lingvistik görs kontrastiva analyser av två eller några språk där specifika strukturer analyseras på djupet. I den här boken är släktskapet mellan de beskrivna språken dessutom redan fastställt i det att nederländska och svenska är två närbesläktade germanska språk. Med hjälp av den kontrastiva analysen framkommer likheter och skillnader som kan erbjuda nya insikter i bl.a. språkspecifika strukturer. Odlin nämner att man istället för begreppet kontrastiv analys skulle kunna använda tvärspråklig jämförelse (2016:20). Det begreppet är dock mindre vanligt och därför används kontrastiv analys i den här boken. En praktisk sida av kontrastiva studier är att forskning om olika språkstukturer kan användas för att skapa läroböcker för undervisningen i andra- och tredjespråk samt i översättning. Vidare blir kontrastiva studier användbara för tvåspråkiga ordboksprojekt och för skapandet av kontrastiva grammatikböcker.

Kopplingen mellan andra- och tredjespråksinlärning, transfer och kontrastiv analys är sedan länge etablerad (se till exempel Odlin 2016). I den här boken behandlas fyra språkstrukturer i nederländska och svenska som på ytan uppvisar intressanta språkliga likheter. När dessa språkliga strukturer studeras närmare framträder både skillnader och likheter mellan nederländska och svenska. Syftet med beskrivningen av dessa strukturer är att skapa ökad kunskap om dem och på så vis även höja den tvärspråkliga medvetenheten hos inlärare av nederländska och svenska i allmänhet.

De språkstrukturer som behandlas är:

- Rumsliga uttryck för befintlighet och riktning
- Kopulaverb och deras kategorisering
- Opersonliga passivkonstruktioner och opersonliga konstruktioner
- Positionsverben: *staan, liggen* och *zitten* respektive *stå, ligga* och *sitta*

Avsnittet om kopulaverb och deras kategorisering tar framför allt upp hur nederländska och svenska grammatiskt kategoriserar en språklig struktur på olika sätt trots att strukturen i stort förefaller överensstämma mellan språken. Kapitlet ger därutöver en översikt av semantiska skillnader och likheter i bruket av kopulaverb mellan nederländska och svenska. De språkliga exempel som används i analyserna kommer från korpusen SALT (Språkbankens Arkiv för Länkade Texter) som är en bidirektionell översättningskorpus nederländska – svenska. Vidare har exempelmeningar via google-sökningar tagits med. Det innebär att beskrivningen är baserad på språket i bruk (usage-based approach). I analyserna refereras genomgående till den nederländska referensgrammatiken, *Algemene Nederlandse Spraakkunst* (1997), och den svenska referensgrammatiken, *Svenska Akademiens grammatik* (1999). Dessa förkortas löpande ANS respektive SAG. De språkliga strukturer som boken behandlar har inte tidigare analyserats kontrastivt på djupet och har varken behandlats ingående i existerande kontrastiva grammatikor nederländska-svenska eller i enspråkiga grammatikor för respektive språk. Det är således min kontrasiva grundforskning som ligger till grund för beskrivningen av hur de ovan angivna strukturerna skiljer sig åt mellan nederländska och svenska. Urvalet av strukturer motiveras främst av att dessa strukturer berörs i forskning för att de har uppfattats som svåra att lära in. Rumsliga uttryck tas upp i läroboken *Svensk grammatik på svenska* (1986, 2009) och i Johansson (2012). Positionsverben behandlas i artiklar om inlärare av nederländska med franska som L1 och hur dessa verb underanvänds vid produktion av nederländska av dessa inlärare (Lemmens & Perrez 2010; 2012). Detta fenomen har även observerats för inlärare av nederländska med ett germansk L1, till exempel tyska (De Knop 2015; De Knop & Perrez 2014) och svenska (Johansson 2018). I denna bok ges således en fördjupad beskrivning av strukturerna utifrån ett kontrastivt perspektiv nederländska och svenska. Därutöver är tanken med boken att stimulera tvärspråklig medvetenhet hos vuxna inlärare av svenska eller nederländska som tredjespråk med hjälp av en kontrastiv beskrivning och därmed utveckla deras språkfärdighet. Dessutom ger boken insikt i språkvetenskaplig kontrastiv forskningsmetod: hur man avgränsar den struktur som ska undersökas, hur man analyserar språket i bruk och presenterar relevanta språkliga exempel.

Noter

1. Se i inledningen under avsnittet om kontrastiv analys.
2. Metalingvistisk respektive tvärspråklig medvetenhet motsvaras av engelskans *metalinguistic* respektive *cross-linguistic awareness*.
3. I engelskspråkig litteratur benämns tvärspråklig influens även *crosslinguistic influence* (till exempel Jessner 2006), *interlanguage transfer* (De Angelis & Selinker 2001:43), *language transfer*, *linguistic interference* eller *crosslinguistic transfer* (Odlin 2003:436).
4. I samband med detta tar Odlin upp överensstämmelsen av kognater i engelska och svenska vilket innebär att inlärare av engelska med

svenska som L1 inte behöver lägga mängder av timmar på att lära sig ordförrådet och kan på så sätt istället fokusera på andra delar av språkinlärningen i jämförelse med finskspråkiga inlärare av engelska som måste lägga betydligt mer tid på inlärningen av engelskans ordförråd eftersom finska och engelska inte uppvisar samma överensstämmelse (2003:441).

1. Rumsliga uttryck för befintlighet och riktning

Hur man uttrycker befintlighet och riktning i svenska och i nederländska uppvisar ett komplext mönster som på ytan förefaller ha många likheter. I det här avsnittet diskuteras hur kombinationen verb och adverb kan uttrycka befintlighet eller riktning: *gå hem* 'naar huis gaan', *vara ute* 'buiten zijn', *komma hit* 'hier komen' och så vidare. I avsnittet behandlas främst verb som uttrycker konkret, fysisk rörelse och det mönster som presenteras gäller i stor utsträckning även när verben används i abstrakt betydelse, se (1.1) och (1.2).[1] Detta avsnitt gör dock inte anspråk på att ge en komplett bild av hela systemet med uttryck för riktning och befintlighet.

(1.1) Hon kom inte fram till något beslut. (abstrakt betydelse)
(1.2) Hon kom inte fram till flygplatsen i tid. (konkret betydelse)

Boken *Svensk grammatik på svenska* (1986, 2009) uppmärksammar befintlighets- och riktningsuttryck och de beskrivs där även i jämförelse med andra språk.[2] Boken, som riktar sig till andraspråksinlärare av svenska, tar bl.a. upp *här/där/var* respektive *hit/dit/vart* och befintlighetadverbialen *hemma, borta, inne, ute, uppe, nere, framme* respektive riktningsadverbialen *hem, bort, in, upp, ner, fram*. Svenskan har en morfologisk markering där *hemma, borta, inne, ute, uppe, nere, framme* markerar befintlighet medan *hem, bort, in, ut, upp, ner, fram* markerar riktning. Denna språkstruktur behandlas i andra- och tredjespråksundervisningen just p.g.a. att den morfologiska distinktionen mellan befintlighet och

---

Hur du refererar till det här kapitlet:
Johansson, A. 2019. *Kontrastiva studier i nederländska och svenska: Med en inledning om tredjespråksinlärning och tvärspråklig medvetenhet.* Pp. 15–27. Stockholm: Stockholm University Press. DOI: https://doi.org/10.16993/baz.b License: CC-BY.

riktning i svenskan uppfattas som en svårighet vid inlärningen av svenska. *Svensk grammatik på svenska* har för avsikt att behandla grammatik som är språkspecifik för svenska. Liknande morfologisk markering återfinns inte i till exempel nederländskan, engelskan eller tyskan trots att dessa är närbesläktade språk till svenskan. Vad gäller nederländska uttrycks istället riktning respektive befintlighet med en annan struktur. I nederländskan anger *hier* 'här', *daar* 'där', *waar* 'var', *thuis* 'hemma', *binnen* 'inne', *buiten* 'ute', *beneden* 'nere' m.fl. befintlighet. Dessa har ingen morfologisk markering som i svenska för att uttrycka riktning. I följande avsnitt diskuteras denna struktur för båda språken med avstamp i svenskan.

Befintlighets- och riktningsuttryck i svenska

Ovanstående befintlighets- respektive riktningsuttryck kombineras med olika verb där adverbet styr kombinationens betydelse men i vissa fall får även verbets semantik genomslag. Statiska verb såsom *vara, stå, sova* m.fl. kombineras bara med befintlighetsuttryck eftersom riktning signalerar någon form av dynamik eller rörelse som inte motsvarar verbens semantik. Man kan säga att dessa verb även uttrycker befintlighet, jfr (1.3) och (1.4).

(1.3) Jag är *hemma*. – *Jag är *hem*
(1.4) Jag sitter *inne* och läser. – *Jag sitter *in* och läser

Verben *komma, bege sig* och *ta sig* kombineras övervägande med riktningsuttryck. Här förefaller just verbens betydelse av rörelse implicera ett mål för rörelsen. Av den anledningen blir en kombination med befintlighetsuttryck ogrammatisk eftersom dessa uttryck innebär ett skeende på en och samma plats så som i (1.5), (1.6) och (1.7).

(1.5) Hon kommer *fram*. – *Hon kommer *framme*
(1.6) Hon begav sig *dit*. – *Hon begav sig *där*
(1.7) Hon tar sig *hem*. – *Hon tar sig *hemma*

Rörelseverb – som inte har en inherent målbetydelse som hos ovan nämnda verb – kan kombineras både med befintlighets- och riktningsuttryck, till exempel *gå, åka, springa, vandra*. I dessa kombinationer är det adverbet som avgör om rörelsen sker på en och samma plats eller om det är en rörelse som har målfokus.

(1.8) Barnet sprang *hit* direkt. – Barnet sprang runt *här*.
(1.9) Går du *ut*? – Går du *ute*?

I (1.8) och (1.9) är adverben *direkt* och *runt* medskapande i satsens betydelse men skillnaden på *hit/här* respektive *ut/ute* talar sitt tydliga språk. Vidare ser man att den här typen av uttryck får en viss struktur om de kombineras med rums- eller tidsadverbial.

(1.10) De går *hemma* i sin trädgård. – De går *hem* till sin trädgård.
(1.11) De springer *här* på hösten. – De springer *hit* på hösten.
(1.12) De vandrar *borta* på ängen. – De vandrar *bort* över ängen.

Om man tittar lite närmare på satserna i (1.10), (1.11) och (1.12) urskiljer man ett mönster där uttrycken som är morfologiskt markerade för befintlighet *hemma, här* och *borta* också kombineras med prepositioner som anger befintlighet *i* (sin trädgård) och *på* (ängen). Det motsatta gäller för uttrycken med *hem* och *bort* som markerar riktning i (1.10) och (1.11). Dessa kombineras däremot med riktningsprepositionerna *till* och *över*. I kontexter med ett statiskt verb kan *över* dock ange befintlighet som i *tavlan hängde över sängen*. Däremot fungerar både riktnings- och befintlighetsuttryck i kombination med tidsadverbial som inleds med prepositionen *på* och *i* som i (1.11) *de springer här/hit* på hösten. Tidsadverbialet *på hösten* anger en återkommande händelse, dvs. satsen är iterativ. Ett tidsadverbial med prepositionen *i* är också ett exempel på när satsen kan kombineras både med riktnings- respektive befintlighetsuttryck: i vintras gick vi *hit/här*. Både *hit/här* är grammatiskt korrekt men anger olika betydelser.

En kombination med ett befintlighetsadverb och riktningsprepositioner fungerar sällan, jfr (1.13), (1.14) och (1.15).

(1.13) *Vi går *borta till* grannen (Vi går bort till grannen)
(1.14) *Vi vandrar *hemma genom* parken (Vi vandrar hem genom parken)
(1.15) *Vi springer *nere till* vägen (Vi springer ner till vägen)

Däremot fungerar kombinationer med rumsadverbial såsom *på vinden/på taket*: han gick *upp/uppe* på vinden/taket. Riktning kan i svenskan även markeras utan att verbet är ett rörelseverb som i satserna (1.16) och (1.17):

(1.16) Dit ska du (gå)!
(1.17) Vart ska du (gå)?

I dessa satser fungerar inte befintlighetsuttryck.³ Rörelseverben *gå* och *åka* eller rörelse i form av en resa, till exempel med tåg, bil eller flyg, är underförstått i kontexten. Beträffande *vart* i kombination med rörelseverb används uttrycket i frågor.

Befintlighets- och riktningsuttryck i nederländska

De nederländska befintlighetsuttrycken *hier, daar, waar, binnen, buiten, thuis, boven, beneden* motsvarar svenskans *här, där, var, inne, ute, hemma, uppe, nere*. För att uttrycka riktning används generellt en kombination av befintlighetsuttryck, riktningsprepositioner och adverb, se (1.18), (1.19) och (1.20)⁴.

(1.18) *Naar binnen/buiten/thuis* 'in/ut/hem' (till inne/ute/hemma)
(1.19) *hier/daar/waarnaartoe* 'hit/dit/vart'
(1.20) *hier/daar/waarheen* 'hit/dit/vart'

Hier, daar och waar

Befintlighetsuttrycken *hier, daar* och *waar* kan givetvis kombineras med statiska verb såsom *zijn* 'vara', *staan* 'stå', *zitten* 'sitta' och då uttrycker hela satsen en statisk befintlighet. Det intressanta är hur befintlighetsuttrycken fungerar för att markera rörelse på en och samma plats som i (1.21) respektive rörelse mot ett mål som i (1.22).

(1.21) We lopen *hier* in het nationale park.
'Vi går (till fots) *här* i nationalparken'.
(1.22) U loopt *hier* gemakkelijk *naartoe*.
'Ni går (till fots) *hit* utan problem'.

För adverbet *daar* gäller samma sak, se (1.23) och (1.24).

(1.23) Je wandelt *daar* in de voetsporen van vele schrijvers.
'Man vandrar där i många författares fotspår'

(1.24) Het gezelschap wandelt *daarnaartoe*.
'Sällskapet vandrar dit'

I (1.21) och (1.23) kombineras befintlighetsuttrycken med prepostionen *in* 'i' vilken även den anger befintlighet. I (1.22) och (1.24) anger *naartoe* att det handlar om riktning. I nederländskan används främst kombinationen *waar+naartoe/heen* tillsammans med rörelseverb i en fråga, jfr. (1.25) och (1.26).[5]

(1.25) *Waar* loop je *heen*?
'Vart går du?'
(1.26) *Waar* gaat hij *naartoe*?
'Vart ska han någonstans?'

Det är även möjligt att fråga *waar loop je nu*? 'var går du nu' i betydelsen rörelse på en och samma plats. Verben *komen* 'komma' och *brengen* 'ta med sig, skjutsa' har förmågan att uttrycka riktning tillsammans med ett befintlighetsuttryck och i kombination med dessa verb behövs inte riktningsprepositionen *naar* 'till', jfr. (1.27) och (1.28).

(1.27) Ik kom *hier* al jaren.
'Jag har kommit hit i åratal'
(1.28) Hij brengt je *daar*.
'Han skjutsar dig dit'

Båda satserna i (1.27) och (1.28) innehåller alltså befintlighetsuttryck men uttrycker ändå riktning.[6] Verben kan även kombineras med motsvarande riktningsuttryck *hier/daarnaartoe* och i princip uttrycka samma sak. Anledningen till detta är att verben i sig redan uttrycker riktning mot ett mål och oavsett om *komen* och *brengen* kombineras med befintlighetsuttryck får verbets semantik starkast genomslag i kombinationen. I (1.27) anger tidsadverbialet *al jaren* 'i åratal' att satsen är iterativ, vilket i någon mån uttrycker befintlighet på plats. Trots detta blir det tydligt av översättningarna att svenskan måste ha riktningsuttrycken *hit* respektive *dit* i dessa satser.

Binnen-buiten, thuis-weg, boven-beneden

I det följande behandlas motsatsparen *binnen-buiten* 'inne-ute', *thuis-weg* 'hemma-borta' och *boven-beneden* 'uppe-nere'.

I Algemene Nederlandse Spraakkunst (ANS) behandlas bl.a. ovan nämnda rumsliga uttryck som adverb+verb och hur dessa formar sammansättningar (1997:609-631). Dessa uttryck formar det som ANS kallar löst sammansatta verb där sammansättningen består av rörelseverb och befintlighetsuttrycken *binnen, buiten, thuis, weg, boven* och *beneden*.[7] I vissa kombinationer med verb och befintlighetsuttryck kan riktning uttryckas, till exempel *binnenkomen* 'komma in'. Oftast finns även möjligheten att använda riktningsprepositonen *naar* + befintlighetsuttrycket för att förmedla samma riktningsbetydelse, till exempel *naar binnen komen* 'komma in'. Hur dessa kombinationer kan se ut tas upp nedan.

Binnen-buiten: i svenskan finns motsatsparen *inne-ute* och *in-ut* som är morfologiskt markerade för befintlighet respektive riktning. Nederländskans motsatspar *binnen-buiten* täcker delvis samma betydelsedomän som svenskans *inne-ute*.[8] De nederländska befintlighetsuttrycken i kombination med vissa verb täcker även betydelsen riktning vilket motsvarar svenskans *in-ut*. I nederländskan är det främst befintlighetsuttrycket *binnen* 'inne' som kan kombineras med i princip alla rörelseverb, till exempel *binnengaan, binnenbrengen, binnenkomen, binnenlopen, binnenrijden, binnenstappen, binnenvaren* med riktningsbetydelse. Sammansättningen är således produktiv (se ANS 1997:613 och Van Dale Groot woordenboek der Nederlandse taal[9]).

(1.29) Je kunt de stad overal *binnenrijden*.
 'Man kan köra in i stan överallt'

Vanligtvis kan konstruktionen i (1.29) omskrivas med *naar binnen* som i (1.30a) men inte om objektet *de stad* 'staden' till vilken rörelsen sker anges som i (1.30b).

(1.30a) Je kunt *naar binnen rijden*.
 'Man kan köra in'
(1.30b) *Je kunt de stad overal *naar binnenrijden*.

Detta gäller även för exempelvis *binnenstappen* 'gå på/kliva på'. Saknas ett objekt fungerar *naar binnenstappen* och om ett utsatt objekt finns i satsen fungerar endast *binnenstappen*. Jfr. (1.31a) och (1.31b).

(1.31a) Hij mag nu *naar binnen stappen.*
'Han får gå på nu'
(1.31b) Hij mag nu de trein *binnenstappen.*
'Han får gå på tåget nu'

Även följande satser ger vid handen att rörelseverb inte behöver kombineras med till exempel riktningsprepositionen *naar*. Befintlighetsadverbet är tillräckligt för att betydelsen riktning ska skapas genom verbets semantik eller övrig kontext, se (1.32) och (1.33).

(1.32) Je loopt door de voordeur het huis *binnen.*
'Man går in i huset genom ytterdörren'
(1.33) Auto rijdt restaurant *binnen.*
'Bil kör in i restaurang'

I dessa satser placeras *binnen* sist och får funktionen postposition vilket också markerar riktning i nederländska.

För *buiten* ser kombinationsmöjligheterna lite annorlunda ut med fler restriktioner än för *binnen* vad gäller rörelseverb som tillsammans med adverben betecknar riktning. Verb med *buiten* tas också upp i Van Dale Groot woordenboek der Nederlandse taal men där betecknas dessa framför allt som belgisk nederländska[10]: *buitenvaren, buitenrijden, buitenkruipen* och så vidare. Sammansättningar med *buiten* och verben *gaan, lopen, brengen* tas överhuvudtaget inte upp. I ANS (1997:614) beskrivs *buiten* som icke produktiv och endast ett begränsat antal sammansättningar nämns: *buitenkomen* 'komma ut', *buitensluiten* 'stänga ut', *buitenstrompelen* 'snubbla ut', *buitenwerpen* 'kasta ut', *buitenzetten* 'sätta ut'. För att uttrycka *gå ut* kan man både använda *uitlopen/uitgaan* eller *naar buiten lopen/naar buiten gaan*, jfr. (1.34) och (1.35).

(1.34) Je loopt door de voordeur het huis *uit.*
'Man går ut ur huset genom ytterdörren'
(1.35) Ze gaan *naar buiten.*
'De går ut'

I (1.34) fungerar *uit* som postposition och anger därmed automatiskt riktning. I princip är just kombinationen *naar buiten* + rörelseverb den mest frekventa för att uttrycka en rörelse från en plats 'inne' till en plats 'ute'.

Thuis-weg: i svenskan finns motsatsparen *hemma-borta* och *hem-bort* som är morfologiskt markerade för befintlighet respektive riktning. Vad gäller *weg* finns inte möjligheten att bilda kombinationen *naar weg*, enligt mönstret ovan med riktningsprepositionen *naar* 'till'. *Weg* i betydelsen 'inte längre vara på en viss plats' kombineras både med rörelseverb och statiska verb och uttrycker då, i kombination med verbet, befintlighet som i (1.36) och riktning som i (1.37).

(1.36) Niemand is thuis, iedereen is *weg*.
'Ingen är hemma, alla är borta'
(1.37) Wij reizen morgen *weg*.
'Vi reser bort imorgon'

I (1.36) innehåller satsen det statiska verbet *zijn* och i (1.37) är *reizen* ett rörelseverb. *Weg* översätts ofta med svenskans *iväg* som exempelvis i (1.38).

(1.38) Zij rent *weg*.
'Hon springer iväg'

Sammansättning med *weg* är produktiv och i princip kan adverbet kombineras med alla rörelseverb, till exempel *weglopen, wegkomen, wegrijden* med flera, och uttrycker riktning (ANS 1997:630).
Thuis 'hemma' anger befintlighet och för att uttrycka riktning används vanligen kombinationen *naar huis* 'hem', jfr. (1.39) och (1.40).

(1.39) De vader is *thuis*.
'Pappan är hemma'
(1.40) Ik loop *naar huis*.
'Jag går hem'

I (1.39) är verbet statiskt vilket innebär att endast befintlighetsuttrycket *thuis* är möjligt och i (1.40) uttrycker verbet rörelse och riktningsuttrycket *naar huis* används. Van Dale Groot woordenboek der Nederlandse taal och ANS (1997:627) anger dock ett mindre antal rörelseverb där kombinationen med befintlighetsuttrycket *thuis* anger riktning och inte befintlighet, till exempel *thuisbrengen* 'skjutsa hem', *thuissturen* 'skicka hem', *thuishalen* 'hämta hem' och *thuiskomen* 'komma hem'. ANS anger också att *thuis* inte är produktivt men ovanstående kombinationer är alltså möjliga, dock i princip begränsade till dessa. *Brengen, sturen, halen* och *komen* har betydelsen riktning inherent och då är inte riktningsprepositionen *naar* överhuvudtaget nödvändig. Det löst sammansatta verbet *thuislopen* har en överförd betydelse 'vara arbetslös' och motsvarar därmed svenskans 'gå hemma' vilket uttrycker befintlighet på en och samma plats. För övriga kombinationer med rörelseverb utan inherent riktningsbetydelse måste *naar huis* användas och kombination med endast befintlighetsuttryck är ogrammatiskt, se (1.41) och (1.42).

(1.41) Hij gaat *naar huis*.
'Han går hem'
(1.42) *Ze gaan thuis.
'De går hemma'

Boven-beneden: i svenskan finns motsatsparen *uppe-nere* och *upp-ner* som är morfologiskt markerade för befintlighet respektive riktning. Nederländskans motsvarande ordpar är *bovenbeneden*. *Boven* är inte produktivt i sammansättningar med verb, enligt ANS (1997:614). Dock nämns kombinationen *bovenkomen* 'komma upp', *bovenkrijgen* 'få upp' och *bovendrijven* 'flyta upp' där riktning kan uttryckas med ett rörelseverb och befintlighetsuttryck. I övriga kombinationer med verb krävs alltså konstruktioner med riktningsprepositionen *naar* för att uttrycka riktning, till exempel i (1.43).

(1.43) Ik ga *naar boven*.
'Jag går/åker upp'

Beneden betraktas överhuvudtaget inte som ett adverb som bildar en sammansättning med ett verb.[11] För *beneden* gäller alltså att uttrycket uteslutande kombineras med riktningsprepositionen *naar* och ett rörelseverb där hela kombinationen uttrycker riktning, se (1.44).

(1.44) Het kind springt *naar beneden*.
'Barnet hoppar ner'

Op och *af* fungerar också som riktningsuttryck för *upp* och *ner* men fungerar då som postpositioner och kategoriseras därför inte som sammansättningen adverb+verb: *hij loopt de trap af* 'han går nerför trappan' och *zij gaat de trap op* 'hon går uppför trappan'.

Verbet *komen*

Kärnverbet *komen* 'komma' intar en särställning då verbet kan kombineras med både befintlighetsuttryck och uttryck med riktningsprepositionen *naar* 'till', *hier /daarnaartoe* 'hit/dit' eller *hier/ daarheen* 'hit/dit'. Det speciella är att *komen* tillsammans med både befintlighets- och riktningsuttryck endast uttrycker riktning, se Tabell 1.1.

Tabell 1.1. Rumsliga uttryck i kombination med *komen*.

Befintlighetsuttryck	Riktningsuttryck
thuiskomen	naar huis komen
wegkomen	–
binnenkomen	naar binnen komen
buitenkomen	naar buiten komen
bovenkomen	naar boven komen
–	naar beneden komen
hier komen	hiernaartoe/hierheen komen
daar komen	daarnaartoe/daarheen komen

Anledningen till att dessa rumsliga uttryck i kombination med *komen* endast uttrycker riktning beror på verbets semantiska målbetydelse (Johansson 2006).[12] Dock finns betydelsenyanser att ta hänsyn till vid användandet av *komen* i kombination med uttrycken i Tabell 1.1, jfr. (1.45) och (1.46).

(1.45) Ik *kom* over een uur *thuis*.
 'Jag är hemma om en timme/jag kommer hem om en timme'
(1.46) Ik *kom* over een uur *naar huis*.
 'Jag åker hem om en timme'

Här ser man att *thuiskomen* egentligen betyder att utgångspunkten är hemma, dvs. fokus ligger vid målet medan *naar huis komen* har fokus vid utgångspunkten, rörelsen mot målet inleds. Följande exempelmeningar anger också en betydelsenyans:

(1.47) Dinsdagochtend, je *komt binnen* op kantoor en gaat direct aan de slag.

'Tisdagmorgon, man kommer in på kontoret och börjar jobba direkt'
(1.48) Kleuters *komen naar binnen* door de zijdeur.
'Dagisbarnen kommer in genom sidodörren'

Det är ingen skillnad i översättning men *binnenkomen* i (1.47) anger att subjektet kommer till jobbet och är där (målfokus) medan *naar binnen komen* i (1.48) uttrycker att själva rörelsen accentueras, hur dagisbarnen kommer in och att det sker via en dörr.
Hier komen respektive *hiernaartoe komen* uppvisar en liknande betydelsenyans, jfr. (1.49) och (1.50):

(1.49) De pers *komt hier* alleen als er ellende is.
'Pressen är här/kommer bara hit när något elände hänt'
(1.50) Ik *kom hiernaartoe* omdat ik thuis niets te doen heb.
'Jag kommer hit för att jag inte har något att göra hemma'

Betydelsen hos *hier komen* i (1.49) har målfokus där det rumsliga uttrycket anger att pressen är på plats medan satsen med *hiernaartoe komen* i (1.50) fokuserar på processen, dvs. själva förflyttningen. Här förflyttar sig subjektet från hemmet 'thuis' till en annan plats och det är på den processen som fokus ligger.
Om man vill uttrycka att man regelbundet kommer till en viss plats kan befintlighetsuttrycken *hier* och *daar* användas:

(1.51) We *komen hier/daar* redelijk vaak.
'Vi kommer hit/dit ganska ofta'

Satsen i (1.51) anger ett slags repetitiv rörelse dvs. iterativ betydelse. Denna betydelse skapas således när *komen* kombineras med *hier* eller *daar*. I (1.49) kan satsens betydelse också beskrivas som iterativ: *varje gång pressen kommer hit (...)*. *Hier/daarnaartoe* i kombination med *komen* fokuserar på själva förflyttningen som en process.

Sammanfattning

Svenskans morfologiska markering för befintlighet och rörelse i kombination med rörelseverb utgör ett relativt regelbundet system där det rumsliga adverbets markering avgör huruvida satsen uttrycker riktning eller befintlighet. Nederländskans möjlighet att uttrycka befintlighet respektive riktning går inte att koppla till adverbet då det saknar morfologisk markering motsvarande svenskans system. Här spelar verbens betydelse och kontexten en stor roll samt att nederländskan använder postpositioner för att uttrycka riktning. Vissa verb kombinerade med befintlighetsuttryck förefaller dessutom lexikaliserade, speciellt vad gäller kärnverbet *komen*.

Noter

1. Det som har utsträckning i rummet och som kan observeras räknas som konkret, till exempel människor, djur och saker. Det som inte har utsträckning i rummet räknas som abstrakta fenomen såsom beslut, känsla och begrepp (se till exempel Vogel 2011:53).

2. I *Deskriptiv svensk grammatik* (1993:130-131) beskrivs också denna distinktion mellan befintlighet och riktning vad gäller rumsliga adverb.

3. I talad svenska är det dock vanligt att *var* och *vart* används utan att distinktionen mellan befintlighet och riktning görs.

4. Beroende på kontext kan *hier/daarnaartoe* och *hierheen/daarheen* även översättas med *hitåt* och *ditåt*. *Waarnaartoe* skulle kunna översättas med *vartåt* och *waarheen* kan översättas med *varthän*.

5. *Naartoe* och *heen* skiljer sig åt rent stilistiskt i det att *heen* är mer formellt.

6. Svenskans *komma* kan i vardagligt tal kombineras med befintlighetsuttrycket *här* i satser som *kom inte här och klaga*. Det är emellertid inte främst riktning som uttrycks i dessa kontexter till skillnad från nederländskans *komen* + *hier* som har riktningsbetydelse.

7. I svensk språkvetenskap benämns löst sammansatta verb ofta partikelverb eller som i SAG verb med partikeladverbial. Dock bildar inte alla partikeladverbial lösa sammansättningar.

8. *in* och *uit* fungerar delvis parallellt med *binnen* och *buiten*.

9. Van Dale Groot woordenboek der Nederlandse taal är den ordbok i 3 delar som ges ut av Van Dale Lexicografie.

10. Varietet som talas i Flandern, den norra delen av Belgien.

11. *Beneden* tas inte upp under kapitlet om bijwoord + werkwoord i ANS utan benämns voorzetsel 'preposition' och 'voorzetselbijwoord 'prepositionsadverb' (se till exempel ANS 1997:461).

12. Till exempel *brengen* 'föra med sig, skjutsa' har samma semantiska målbetydelse och kan också skapa riktningsbetydelse med ett befintlighetsuttryck: *ze brengen* me *thuis* 'de skjutsar hem mig'.

2. Kopulaverb och deras kategorisering

Inom området kopulaverb och predikativ används olika termer och kategoriseringar för svenska respektive nederländska. Tidigare användes för svenskan termen predikatsfyllnad och ett antal verb benämndes kopulaverb: *vara, bliva, heta, kallas* m.fl. Numera kategoriseras i SAG (III:351-353) *vara, bli* och *förbli* som kopulaverb. Dock förekommer ytterligare många fler verb som uppträder i satser med subjektspredikativ – termen som numera används istället för predikatsfyllnad – men dessa kallas inte kopulaverb, till exempel *Han sitter barnvakt*. Verbet *sitta* benämns alltså inte kopula men *barnvakt* kan benämnas subjektspredikativ. I nederländskan benämns alla verb som kan kombineras med subjektspredikativ kopulaverb: *zijn* 'vara', *worden* 'bli', *blijven* 'förbli', *blijken* 'framgå', *schijnen* 'lär', *lijken* 'verka, tycks', *heten* 'sägs', *dunken* 'förefalla' och *voorkomen* 'förefalla', 'framstå'.[1] I allmänhet kan man med fog hävda att även nederländskan har tre prototypiska kopulaverb: *zijn, worden* och *blijven* (Johansson 2006:125). Motsvarigheten till svenskans term subjektspredikativ är den nederländska termen *naamwoordelijk deel van het gezegde* (nominal del av predikatet). Ett kopulaverb kan exempelvis binda ihop subjekt och adjektiv som i *Barnen är glada – De kinderen zijn blij*. Subjekt i den svenska respektive nederländska satsen är *barnen - kinderen* och bundet subjektspredikativ respektive *naamwoordelijk deel van het gezegde* är *glada - blij*. Subjektspredikativet är en syntaktisk nödvändighet för att satsen ska anses fullständig vilket diskuteras utförligare nedan.

Hur du refererar till det här kapitlet:
Johansson, A. 2019. *Kontrastiva studier i nederländska och svenska: Med en inledning om tredjespråksinlärning och tvärspråklig medvetenhet*. Pp. 28–36. Stockholm: Stockholm University Press. DOI: https://doi.org/10.16993/baz.c
License: CC-BY.

Nederländska och svenska i kontrast

I nederländskan har vissa verb även status som ersättningskopula där dessa så att säga ersätter de prototypiska kopulaverben *zijn* och *worden*.[2] Exempel på sådana verb är *zitten* 'sitta', *staan* 'stå' och *vallen* 'falla' som ersätter *zijn*. Verben *gaan, komen, lopen, slaan* 'slå' och *raken* 'träffa' ersätter *worden* (Vandeweghe 2000:107). Det bör dock noteras att dessa ersättningskopula även används i många andra betydelser och funktioner. Ersättningskopula används i satser där *zijn* och *worden* inte fungerar i satsen, jfr. (2.1) och (2.2):

(2.1) Het huiswerk *valt* haar zwaar.
 'Läxan är svår (för henne)' (ersätter *zijn*)
(2.2) Ze *raakten* gewond.
 'De sårades/blev sårade' (ersätter *worden*)

Trots att nederländskan kategoriserar ett flertal verb som kopula kan man alltså hävda att nederländskan framför allt har tre kärnkopula: *zijn, worden* och *blijven*. Anledningen till detta är kopulaverbens semantik. De kopplar ihop ett subjekt med ett eller flera subjektspredikativ vilket återger betydelsen: x vara /bli/ förbli y. För *vara* respektive *zijn* är subjekt-predikativkopplingen tydlig. Verbet innehåller i sig lite information (endast tidsaspekt) vilket man ser när verbet står utan subjektspredikativ: *vi är - wij zijn*. Satsen anger möjligen ett existentiellt varande men för övrigt upplevs satsen som ofullständig. Samma sak gäller *bli* respektive *worden*: han blir - *hij wordt*. *Bli* respektive *worden* har dock betydelsekomponenten process och *blijven* respektive *förbli* anger att något är permanent (se för nederländskan, Klooster 2001:128). Svenskans term bundet subjektspredikativ och nederländskans *naamwoordelijk deel van het gezegde* kallas så därför att det är semantiskt knutet till subjektet och syntaktiskt nödvändigt för satsen som vi ser i exemplen ovan.

Ersättningskopula anger liknande betydelser som för *zijn* respektive för *worden* i satser där de just ersätter dessa verb. Övriga nederländska kopulaverb (se ovan) anger en modal betydelse (talarens inställning) men det är inte tal om någon konkret betydelse utan verbens semantik är relativt abstrakt precis som för *zijn* och *worden*. Anledningen till att dessa verb dock inte ses som prototypiska kopula beror just på den modala bibetydelsen och att de förekommer mindre frekvent. Detta återspeglas även i SAG

(III:352) som anger att de ovan nämnda prototypiska kopulaverben har en "så tunn egenbetydelse att de inte kan sägas ange mera än aktionsart och – om tempusböjningen medräknas – tid" (se även Klooster 2001:128). I Tabell 2.1 nedan tas de olika termerna och kategorierna för respektive språk upp. En anledning till de olika begreppsapparaterna har främst med språkens struktur att göra. Svensk grammatik i allmänhet tycks fokusera mer på formen medan nederländskans grammatik fokuserar på semantiken (Johansson 2006:124-125). I svenskan kongruerar subjektet med predikativet när det är ett adjektiv genom att det böjs i genus och numerus. Det går alltså ofta att se på formen att det är ett subjektspredikativ, jämför de två satserna i (2.3).

(2.3) Hon är *ung* - De är *unga*.

Denna formmässighet gäller inte nederländskan utan satsens semantik får avgöra huruvida det handlar om kopulaverb och *naamwoordelijk deel van het gezegde* 'subjektspredikativ', se (2.4):

(2.4) Zij is *jong* 'hon är ung' - Ze zijn *jong* 'de är unga'.

I (2.4) utmärker sig satserna på så vis att verbet *zijn* endast kopplar ihop *jong* 'ung' med subjektet och därmed anger en egenskap hos subjektet. På detta sätt kan man naturligtvis även resonera för svenskans del vilket också framgår när subjektspredikativet är ett substantiv som ju inte kongruerar med subjektet i satsen, till exempel *hon är läkare - de är läkare*.

I satserna *huset förklarades obeboeligt* respektive *husen förklarades obeboeliga* kategoriseras *obeboeligt/obeboeliga* som subjektspredikativ i svenskan eftersom subjektet *huset/husen* kongruerar med subjektspredikativet. I svenskan används även termen bundet objektspredikativ. I satsen *hon målade huset grönt - hon målade husen gröna* är det däremot objektet *huset/husen* som kongruerar med adjektivet *grönt/gröna* och därmed talar man om objektspredikativ. Dock benämns inget av verben *förklara* respektive *måla* i satserna kopula. Om man jämför dessa satser med motsvarande satser på nederländska framgår det att kategoriseringen baseras på satsernas betydelse, dvs. semantik, och inte på form som för svenskan där ju subjekt eller objekt kongruerar med adjektivet. I *het huis werd onbewoonbaar verklaard* 'huset förklarades obeboeligt' är

Kopulaverb och deras kategorisering 31

onbewoonbaar inget *naamwoordelijk deel van het gezegde* utan termen *bepaling van gesteldheid volgens de handeling* 'benämning av tillstånd enligt handlingen' används. I *zij schilderde het huis groen/de huizen groen* 'hon målade huset grönt/husen gröna' benämns *groen bepaling van gesteldheid ten gevolge van de handeling* 'benämning av tillstånd till följd av handlingen'. I nederländskan benämns därmed heller inte *verklaren* och *schilderen* kopula eller ersättningskopula. Här följer en översikt i Tabell 2.1 över nederländskans och svenskans terminologi (från Johansson 2006:123).

Tabell 2.1. Nederländskans och svenskans terminologi i kontrast.

Nederländska	Svenska
Naamwoordelijk deel van het gezegde 'nominal del av predikatet'.	Bundet subjektspredikativ
Zij is *jong*.	Hon är *ung*.
Zij is *arts*.	Hon är *läkare*.
	Hon kom *cyklande*.
Bepaling van gesteldheid tijdens de handeling 'bestämning av tillstånd under pågående handling'.	–
Hij kwam *lopend*.	Han kom *till fots* = sättsadverbial
Hij kwam *vrolijk* naar het feestje.	Han kom *glad* till festen = fritt predikativ
Bepaling van gesteldheid volgens de handeling 'bestämning av tillstånd enligt handlingen'.	Bundet subjektspredikativ
Het huis werd *onbewoonbaar* verklaard.	Huset förklarades *obeboeligt*.
Bepaling van gesteldheid ten gevolge van de handeling 'bestämning av tillstånd till följd av handlingen'.	Bundet objektspredikativ
Zij schilderde het huis *groen*.	Hon målade huset *grönt*.

Tabellen tar upp ytterligare några kategorier där svenska och nederländska skiljer sig åt. Även nominalfraser kan vara subjektspredikativ (till exempel läkare, lärare, ägare) där subjektspredikativet anger en egenskap eller identitet hos subjektet. Detta gäller både nederländska och svenska. I svenskan kategoriseras vissa predikativ som fria då dessa inte är syntaktiskt nödvändiga för satsen, jfr. (2.5a) och (2.5b).

(2.5a) Han kom *glad* till festen.
(2.5b) Han kom till festen.

Glad i (2.5a) kan strykas utan att satsen blir ofullständig. Det är då bara subjektets sinnesstämning som utelämnas som i (2.5b). I nederländskan kategoriseras *vrolijk* i motsvarande sats *hij kwam vrolijk naar het feestje* som *bepaling van gesteldheid tijdens de handeling* utifrån ett semantiskt perspektiv då adjektivet uttrycker subjektets tillstånd under pågående handling, dvs. sinnesstämning (se Tabell 2.1).

Verbets aktion

Skeenden och tillstånd är olika aktioner och deras tidsliga egenskaper kan grupperas i olika slags aktionsarter. Aktioner uttrycks med verben eller verbfraserna och de viktigaste aktionsarterna är tillstånd, oavgränsad process, avgränsad process och punkthändelse (SAG IV:323-324). I denna bok används främst termerna avgränsad och oavgränsad aktion där det för avgränsad aktion gäller att skeendet har en naturlig slutpunkt såsom i *studenterna klarar uppgiften* medan det för oavgränsad aktion gäller att skeendet inte har en naturlig slutpunkt eller kan avslutas när som helst såsom i *det dansas mycket på musikfestivalen*. I svensk tradition förekommer även termerna telisk och atelisk. Dessa termer är emellertid vanligare i nederländsk språkbeskrivning och ett verb eller en verbfras kan vara *telisch/atelisch* vilket i allmänhet motsvarar termerna avgränsad/oavgränsad.[3]

Verb som ersätter *worden* (avgränsad aktion)

Enligt Sassen (1978) kan verbet *komen* förekomma som ersättningskopula i nederländskan men endast i kombination med

Kopulaverb och deras kategorisering 33

följande adjektiv: *klaar* 'klar', *gereed* 'färdig', *(te) duur* '(för) dyr', *vrij* 'fri', *los* 'lös', *leeg* 'tom', *vol* 'full', *beschikbaar* 'till förfogande', exempelvis i (2.6).

(2.6) De nieuwe versie *komt* straks *beschikbaar*.
'Den nya versionen blir snart tillgänglig'

I (2.7) kombineras även adjektivet *goed* 'bra' med *komen*.

(2.7) Dat *komt* wel *goed*.
'Det blir nog bra'

Satsen i (2.7) skulle vara ogrammatisk med det prototypiska kopulaverbet *worden* 'bli'. Svenskans *komma* har inte samma kombinationsmöjlighet och benämns normalt inte heller kopula. Ovanstående adjektiv för svenskan kombineras i princip endast med *bli*. Det finns dock några konstruktioner där svenskans *komma* får en kopulaliknande funktion och då främst i kombination med *fri* och *lös* men även med *ren*.

(2.8a) Han hade chans att göra mål när han *kom fri*.
(2.8b) Hon *kom ren* med målvakten.
(2.8c) Hunden *kom lös* och jagade haren.

Konstruktionerna i (2.8a) och (2.8b) med adjektiven *fri* och *ren* förekommer främst i genren sportjournalistik och är inte frekventa i svenskan. *Gaan* i (2.9) benämns ersättningskopula i nederländska för *worden* (ANS 1997:1123). I (2.10) framgår att svenskans *gå* har en liknande funktion som *gaan* i (2.10), jfr.

(2.9) De arbeidstijd *ging verloren*.
'Arbetstiden gick förlorad'
(2.10) Gemenskapen *gick förlorad*.

Nederländskans *lopen* och *raken* kan även fungera som kopulaverb i kombination med till exempel *leeg* och *kwijt* vilka betraktas som lösa sammansättningar: *leeglopen* 'tömmas' och *kwijtraken* 'förlora'. Jfr. (2.11) och (2.12):

(2.11) In de winter *loopt* het kampeerterrein bijna *leeg*.
'På vintern töms nästan hela campingplatsen'
(2.12) Ik *raakte* mijn baan *kwijt*.
'Jag förlorade jobbet'

Satserna i (2.11) och (2.12) anger avslutad process. *Lopen* 'gå till fots' har ingen ekvivalent i svenska utan svenskans *gå* har ett bredare användningsområde som delvis täcker in nederländskans *lopen*. *Leeglopen* motsvarar i vissa specifika kontexter svenskans *gå läck* men inte i (2.11). Satserna ovan med *komma* och *komen* respektive *gå* och *gaan* anger också avslutad process. Svenskans *komma* och *gå* kan i vissa konstruktioner uppbära en liknande funktion som nederländskans *komen* och *gaan*. Denna kopulafunktion förefaller emellertid vara mer frekvent i nederländska än i svenska. Dock räknas *komma* och *gå* också in i gruppen verb som kan konstrueras med bundet subjektspredikativ (SAG III:356). *Komen, gaan, lopen* och *raken* benämns – som tidigare påpekats – ersättningskopula (ANS 1997:1123-1124).

Verb som ersätter *zijn* (oavgränsad aktion)

I nederländskan benämns även *staan* 'stå' och *zitten* 'sitta' kopulaverb i satser där de konstrueras med *naamwoordelijk deel van het gezegde* (ANS 1997:1124). I de satserna ersätter verben det prototypiska kopulaverbet *zijn*. I svenskan kategoriseras *sitta, ligga* och *stå* som verb som kan konstrueras med bundet subjektspredikativ (SAG III:356) utan att för den skull vara kopulaverb eller benämnas ersättningskopula, i överensstämmelse med svensk terminologi. Jämför de nederländska och svenska satserna i (2.13), (2.14) och (2.15).

(2.13a) De woning *staat leeg*.
(2.13b) Lägenheten *står tom* – Lägenheterna *står tomma*.
(2.14a) *Zit* u misschien om wat geld *verlegen*?
(2.14b) Är ni kanske i behov av pengar?
(2.15a) De *sitter overksamma* – Han *sitter overksam*.
(2.15b) Ze *zitten* niets te doen – Hij *zit* te niksen.

Här kan man se att exempelmeningarna med *staan* 'stå' i (2.13) går att översätta med samma struktur och innehåll mellan språken medan *zitten* i (2.14) respektive *sitta* i (2.15) inte går att översätta med samma konstruktion i respektive språk. Verbens funktion i (2.14) och (2.15) är dock densamma där *verlegen* kan benämnas *naamwoordelijk deel van het gezegde* och binds ihop med subjektet och *overksamma/overksam* knyts till subjektet med hjälp av verbet *sitta*. Svenskans *ligga* kan konstrueras med bundet subjektspredikativ. I (2.16) är *ligga* dock inte tomt på innehåll utan kopplingen mellan att vara liggande och sjuk hänger ihop.

(2.16) Statsministern *ligger sjuk*.
'?De premier ligt ziek'

Det kan diskuteras om inte även nederländska *liggen* skulle kunna betraktas som ersättningskopula för *zijn* eftersom verbet har en liknande funktion i vissa satser som svenskans *ligga*. Satsen i (2.16) har däremot ingen direkt ekvivalent på nederländska men vid en jämförelse av funktion finns likheter, jfr. (2.16) med (2.17).

(2.17) Het netwerk *ligt plat*.
'Nätverket ligger nere'

Det är tydligt att vilken terminologi som används och hur en språklig struktur definieras grammatiskt delvis har med tradition att göra. Språkens böjningssystem spelar givetvis också en roll. I de ovanstående satserna kan i princip alla verb bytas ut mot *zijn* eller *vara* förutom *ligt plat*. Det är möjligt att uppfatta *plat* som subjektspredikativ eftersom *het naamwoordelijk deel* 'nominal del' kan vara adjektivfraser, nominalfraser, (pronomen) eller prepositionsfraser, enligt Klooster (2001:127).

Sammanfattning

Nederländska och svenska har vardera tre prototypiska kopulaverb: *zijn, worden* och *blijven* respektive *vara, bli* och *förbli*. För övrigt skiljer sig beskrivningen av kopulaverben och deras kategorisering åt i respektive grammatisk tradition. Detta hänger framför allt ihop med att språkens struktur inte helt överensstämmer. Subjektet kongruerar med predikativet i svenskan medan predikativet förblir oböjt i nederländskan. Som följd av detta har språkbeskrivningen fått olika fokus där nederländskan framför allt fokuserar på semantiken och svenskan på formen.

Noter

1. "En sats med ett kopulaverb är per definition en sats med ett subjektspredikativ" (Klooster 2001:54). Dessa satser är s.k. kopulaverbsatser (Klooster 2001:126).

2. Vandeweghe (2000:107), Klooster (2001:54) och ANS (1997:1123)

3. Vendler (1967:97ff) använder också termen *telicity* men har en något annan modell för indelningen av aktionsarterna hos verbet.

3. Opersonlig passiv och opersonliga konstruktioner

Detta kapitel tar avstamp i den prototypiska passivkonstruktionen i nederländska respektive svenska vilket utgör utgångspunkten för beskrivningen av opersonliga passivkonstruktioner och andra opersonliga konstruktioner i samma språk. Svenska har två passivkonstruktioner medan nederländska har en konstruktionstyp för att bilda passiv. I nederländska bildas passiv med hjälpverbet *worden* 'bli' eller *zijn* 'vara' kombinerat med ett particip. Detta benämns perifrastiskt passiv. I svenska finns också en perifrastisk passivkonstruktion med hjälpverben *bli* och *vara* + particip. Samtidigt har svenska även en morfologisk passivkonstruktion, s.k. *s*-passiv där ändelsen -*s* läggs på verbet. Jfr. nederländska i (3.1) med svenska i (3.2) och (3.3).

(3.1) De kinderen *worden* naar school gebracht.
(3.2) Barnen *blir* skjutsade till skolan. (bli-passiv)
(3.3) Barnen *skjutsas* till skolan. (s-passiv)

I många fall är svenskans *bli*-passiv och *s*-passiv utbytbara men korpusforskning visar att *s*-passiv förekommer mer frekvent, i fler olika kontexter med olika sorters verb och har blivit den omarkerade passivformen (Engdahl 2006). Det finns emellertid en semantisk skillnad mellan den perifrastiska och den morfologiska passivformen. *Bli*-passiv anger en avgränsad aktion och fokus ligger i vissa fall på en process som avslutas eller inleds. I satser med *s*-passiv kan aktionen vara oavgränsad och satsen uttrycker inte en dynamisk process (se SAG IV:359-404, 398).

Hur du refererar till det här kapitlet:
Johansson, A. 2019. *Kontrastiva studier i nederländska och svenska: Med en inledning om tredjespråksinlärning och tvärspråklig medvetenhet*. Pp. 37–55. Stockholm: Stockholm University Press. DOI: https://doi.org/10.16993/baz.d License: CC-BY.

I nederländska finns också en skillnad i betydelse mellan passiv med *worden* respektive med *zijn*. Passivkonstrukton med *worden* bildar passiv i presens och preteritum, se (3.4) och (3.5) medan hjälpverbet *zijn* används i satser som i svenskan motsvaras av perfekt och pluskvamperfekt, se (3.6) och (3.7).

(3.4a) Wij worden op ijs getrakteerd. (presens)
(3.4b) Vi blir bjudna på glass.
(3.5a) We werden op ijs getrakteerd. (preteritum)
(3.5b) Vi blev bjudna på glass.
(3.6a) Wij zijn op ijs getrakteerd (geworden). (perfekt)
(3.6b) Vi har blivit bjudna på glass.
(3.7a) Wij waren op ijs getrakteerd (geworden). (pluskvamperfekt)
(3.7b) Vi hade blivit bjudna på glass.

I exemplen ovan kan man tolka dem så att passiv med *worden* uttrycker en process, *blir bjudna*, medan passiv med *zijn* – där exempelmeningarna i (3.6) och (3.7) bokstavligen betyder är/*var bjudna* – är statiskt då hjälpverbet *zijn* uttrycker ett tillstånd (se Verhagen 1992).

Passivkonstruktionens funktion

Normalt sett är subjektet i en passiv sats objektet i en aktiv sats vilket innebär att en förflyttning av en satsdel har skett. Härigenom skiftar fokus på den information som förmedlas. Man kan även säga att viss information i den passiva satsen hamnar i bakgrunden. Skillnaden mellan aktiva och passiva satser handlar alltså bl.a. om informationsstruktur. Detta illustreras i (3.8) och (3.9). *De kinderen/barnen* är objekt i den aktiva satsen i (3.8) och subjekt i den passiva satsen i (3.9).

(3.8a) De ouders brengen *de kinderen* naar school.
(3.8b) Föräldrarna skjutsar *barnen* till skolan.
(3.9a) *De kinderen* worden naar school gebracht.
(3.9b) *Barnen* skjutsas till skolan.

I de passiva satserna i (3.9) ovan har *de ouders/föräldrarna* utelämnats men de hade kunnat skrivas ut med ett s.k. agentadverbial (*door de ouders/av föräldrarna*). I de aktiva satserna ligger fokus på subjektet *ouders/föräldrar* och i de passiva satserna har fokus flyttats till *kinderen/barnen* som är subjekt i dessa handlingar. Man kan sammanfatta det med att fokus har förflyttats från vem som utför handlingen (föräldrarna) till vem som är upplevare/ mottagare av handlingen (barnen). Många gånger skrivs inte agentadverbialet ut för att det inte är viktigt att ange vem som utför handlingen eller för att man inte vet vem det är som utfört handlingen. Det kan även vara underförstått vem som utför handlingen, jfr. (3.10) och (3.11).

(3.10) De belastingsaangifte wordt in februari verstuurd.
(3.11) Deklarationen skickas ut i februari.

I (3.10) och (3.11) är det underförstått att det är skattemyndigheten eller motsvarande som skickar ut deklarationen. I (3.12) och (3.13) är det troligen okänt vem som utfört handlingen eller så vill man inte ange vem som utfört dådet.

(3.12) De buschaffeur werd in de nacht van 5 mei vermoord.
(3.13) Busschauffören mördades natten till den 5 maj.

I ovanstående exempel anges alltså inte agentadverbialet men den som utför handlingen förutsätts vara mänsklig, dvs. satserna är agentiva. I (3.10) och (3.11) kan man förutsätta att det är skattemyndigheten som skickar ut deklarationen vilket innebär att det är en myndighet inte en individ. Här representeras myndigheten av de människor som arbetar där och agentadverbialet, *av skattemyndigheten*, är därmed agentiv. I (3.12) och (3.13) känner man möjligen inte till vem mördaren är men det är en handling utförd av en människa och därmed är satsen agentiv.

Den opersonliga passivkonstruktionen

Opersonlig passiv är en konstruktion där verbet är passiviserat och subjektet är ett s.k. expletivt subjekt.[1] I nederländska används det expletiva subjektet *er* och i svenska används subjektet *det*. Detta benämns expletivt *er* och *det* när subjektet saknar referens eller betydelse men fungerar som ett led i en sats, jfr. nederländskan i (3.14) och svenskan i (3.15).[2]

(3.14) *Er wordt* altijd op schoolfeestjes gedanst.
(3.15) *Det dansas* alltid på skolfester.

Både svenska och nederländska har i princip platshållartvång. Det innebär att ett led måste uppta en plats i den syntaktiska strukturen och i detta fall subjektets plats. För att satserna (3.14) och (3.15) ska innehålla ett subjekt används expletivt *er* och *det* som är icke-referentiella och betydelsetomma. De fyller således en viktig funktion i språket för att satsen ska bli grammatiskt korrekt. Av denna anledning benämns dessa konstruktioner opersonliga dvs. det finns inget utskrivet mänskligt (animat) subjekt i satsen. Dock bör noteras att det finns undantag från regeln om platshållartvång (se exempelmeningarna (3.27) – (3.29) nedan).

I vanliga passiva konstruktioner, som vi kan kalla prototypisk passiv, har en omflyttning av subjekt och objekt skett där objektet i en aktiv sats har blivit subjekt i en passiv sats. Subjektet i den aktiva satsen kan erhålla funktionen agentadverbial i den passiva satsen. Ibland skrivs agentadverbialet ut men oftast inte (se ovan). I opersonliga passiver sker ingen objektsförflyttning till subjektsposition, istället står objektet kvar och det expletiva *er* för nederländskan och det expletiva *det* för svenskan upptar subjektspositionen. Följande mönster åskådliggör omflyttningen av satsdelar från aktiv sats i (3.16) och (3.17) -> prototypisk passiv i (3.18) och (3.19) -> opersonlig passiv i (3.20) och (3.21).

(3.16) Het bedrijf bouwt nu het nieuwe centraal station.
(3.17) Företaget bygger nu den nya centralstationen.
(3.18) Het nieuwe centraal station wordt nu gebouwd.
(3.19) Den nya centralstationen byggs nu/Den nya centralstationen blir byggd nu.
(3.20) Er wordt nu een nieuw centraal station gebouwd (door het bedrijf).
(3.21) Det byggs nu en ny centralstation (av företaget).

I ovanstående exempel framgår att objektet i de aktiva satserna i (3.16) och (3.17), *het nieuwe centraal station/den nya centralstationen*, har en objektsliknande funktion i de opersonliga passiva satserna i (3.20) och (3.21). Skillnaden är dock att objektet i den opersonliga passiva satsen måste stå i indefinit form *een nieuw centraal station/ en ny centralstation*. Hur blir det då om det indefinita objektet flyttas upp i subjektsposition i prototypisk passiv? Här finns en skillnad mellan nederländska och svenska, jfr. (3.22) och (3.23).

(3.22) *Een nieuw centraalstation wordt gebouwd.
(3.23) En ny centralstation byggs/blir byggd.

I nederländskan krävs ett expletivt *er* i dessa konstruktioner, annars uppfattas satsen som ogrammatisk, jfr. (3.22) och (3.24)). I svenska anses satsen i (3.23) vara grammatisk beroende på kontext. I nederländsk grammatik kallas konstruktioner som i (3.20) för presenteringskonstruktioner istället för opersonlig passiv eftersom fokus ligger på att presentera ny information. Man kan dock med fog hävda att det är skillnad på presenteringskonstruktioner med *worden* i (3.24) och på aktiva presenteringskonstruktioner som i (3.25), med till exempel *staan*, jfr.

(3.24) Er wordt een centraal station gebouwd.
'Det byggs en ny centralstation'
(3.25) Er staan hier nieuwe huizen.
'Det står nya hus här'

Det som utmärker opersonlig passiv till skillnad från aktiva presenteringskonstruktioner är agentiviteten. I opersonliga passiva konstruktioner finns en underförstådd mänsklig agens, dvs. i satsen i (3.24) är det underförstått att byggandet av centralstationen sker med mänsklig hand. Agentadverbialet skulle kunna skrivas ut men det förekommer mindre frekvent och typiskt för opersonlig passiv är att agens ofta är en icke-specifik grupp människor som utför en generell handling. Detta är inte fallet med presenteringskonstruktionerna som saknar s.k. underförstådd mänsklig agens som utför handlingen, se (3.25).

I ovanstående exempelmeningar i (3.24) och (3.25) beskrivs *er* som s.k. *presentatief-er* 'presenterings-er' i presenteringskonstruktioner i ANS (1997:467ff). I svensk grammatik kallas *det* för formellt subjekt i presenteringskonstruktioner och i översättningen i (3.25) är det s.k. egentliga subjektet *nya hus* i satsen *det står nya hus här*. Om man jämför med satser som *det dansas alltid på skolfester/er wordt altijd op schoolfeestjes gedanst* kan man inte hävda att *er* och *det* är formella subjekt eftersom det saknas egentligt subjekt i satserna. Detta hänger också ihop med att satserna är intransitiva, dvs. det finns inget objekt i satsen till *dansa/dansen* (se vidare under avsnittet om transitiva och intransitiva satser). Nederländskan använder alltid expletivt *er* när det egentliga subjektet är en indefinit nominalfras oavsett om satsen är aktiv eller passiv. En indefinit nominalfras står således vanligen inte på subjektsplatsen, se (3.26).

(3.26a) *Nieuwe huizen staan hier.
(3.26b) ?Nya hus står här.

I svenskan förekommer också presenteringskonstruktioner med formellt subjekt *det*, som i översättningen i (3.25) men en indefinit nominalfras i subjektsposition behöver inte vara ogrammatiskt, jfr. satsen i (3.26b).

Överlag gäller principen att subjektet är obligatoriskt i svenska och nederländska och det kallas subjektstvång (SAG IV:30-31 och ANS 1997:467ff). Svenskans *det* och nederländskans *er* fungerar då som platshållare för ett eventuellt egentligt subjekt såsom i (3.25) ovan. Det finns dock undantag i både nederländska och svenska. Ett exempel på detta gäller *er* och *det* i vissa konstruktioner med opersonliga passiver. Det expletiva subjektet är då optionellt. I nederländska gäller det när satsen inleds med ett topikaliserat particip, se (3.27).

(3.27a) Verwacht wordt dat de minister spoedig zal aftreden.
 *Förväntat blir att ministern snart ska avgå
(3.27b) Det förväntas att ministern snart ska avgå.

Den svenska satsen i (3.27b) måste innehålla ett *det* oavsett topikalisering av participet eller ej. Ett annat exempel på optionellt *er* är när bisatsen följs av en huvudsats i passiv (se ANS 1997:475), illustrerat i (3.28).[3]

(3.28a) Omdat zij ver van het ziekenhuis woonde, <u>werd (er)</u> <u>afgesproken</u> dat ze zou bellen.
(3.28b) Eftersom hon bodde långt ifrån mottagningen <u>avtalades</u> <u>(det)</u> att hon skulle ringa.

I (3.28b) är även expletivt *det* i svenskan optionellt. Optionellt *det* i svenska är även möjligt i en sats som i (3.29a).

(3.29a) I skogen sågs (det) vilda djur.
(3.29b) In het bos werden (er) wilde dieren gezien.

I SAG (IV:44) anges att det i svenskan är möjligt att uppfatta satser med ett rumsbetecknande adverbial på en plats där annars expletivt subjekt hade kunnat stå som subjektslösa.[4] Det finns även exempel på detta i nederländska och satsen i (3.29b) har också optionellt *er* (ANS 1997:1417ff).

Svenskans opersonliga passiv förekommer i princip endast med morfologisk *s*-passiv, dvs. i denna konstruktion är perifrastisk och morfologisk passiv inte utbytbara. Engdahl (2006:39) visar att några undantag finns och det gäller satser där ett negativt eller kvantitativt satsled kommer före participet, jfr. (3.30) och (3.31).

(3.30) *Det blir alltid dansat på skolfester.
(3.31) Det blev ingenting/mycket gjort.

Satsen i (3.30) är ogrammatisk och *s*-passiv är att föredra. De få undantag där opersonlig passiv formas med *bli* uttrycker i princip antingen bristen på uppnått resultat eller aktivitet men även att betoningen ligger på ett kvantifierbart resultat, till exempel *ingenting* eller *mycket* såsom i (3.31) (Engdahl & Laanemets 2015:140, Rawoens, Johansson & Boons 2016).

Det är även värt att notera att alla verb med *s*-ändelse i kombination med expletivt *det* inte är opersonlig passiv utan det kan röra sig om s.k. deponensverb vars funktion inte heller är passivisering. De uttrycker ett aktivt skeende såsom i (3.32)).

(3.32) Det ryktas att presidenten ska komma på besök.

Skillnaden mellan passiviserade verb och deponensverb är att deponensverben oftast saknar en *s*-lös motsvarighet eller att verbet får en annan betydelse i *s*-lös form vilket inte gäller verb i passiv, jämför följande exempel med deponensverb respektive passiviserade verb.

Deponensverb: synas–syna, andas–*anda, ryktas–rykta, fattas–fatta, lyckas–lycka med flera (se till exempel SAG I:553ff.)
Passiviserade verb: tala–talas, hämta–hämtas, skriva–skrivs, säga–sägs, dansa–dansas

Vidare saknas en underförstådd mänsklig agens i satser med deponensverb vilket är ett av de viktigaste semantiska särdragen hos opersonlig passiv. Om man tittar närmare på konstruktioner med perceptionsverb såsom *det känns, det syns, det hörs* finns det en underförstådd deltagare. Dock utför denna deltagare inte handlingen utan deltagaren kan benämnas upplevare (SAG IV:372). Av denna anledning faller även perceptionsverb utanför kategorin opersonlig passiv.

Transitiva och intransitiva verb i opersonlig passivkonstruktion

Distinktionen transitivt och intransitivt anger huruvida verbet kombineras med objekt eller inte. Verb som kombineras med objekt benämns transitiva såsom i *födelsedagsbarnet fick presenter* och verb som inte kombineras med objekt intransitiva såsom i *barnet sover*. Vissa verb kan kombineras både med och utan objekt som i satsen *vännerna äter middag/vännerna äter snabbt*. I följande beskrivning av transitiva och intransitiva verb i opersonlig passiv analyseras hela verbfrasen, inte endast verbets semantik, jfr.

- Det åts mycket tårta -> transitivt
- Det åts mycket -> intransitivt

Satserna ovan är båda två opersonliga passiver. I typologisk forskning har det hävdats att opersonliga passiver endast förekommer tillsammans med intransitiva verb. Bland annat hävdar Comrie (1977) att satser med transitiva verb endast genererar prototypiska passivkonstruktioner med uppflyttning av objektet i den aktiva satsen till subjekt i den passiva satsen.

I tidigare exempel på opersonliga passiver ovan är vissa verb transitiva och andra intransitiva. Transitiva satser som (3.24) och (3.25) har, som nämnts tidigare, i nederländsk grammatik traditionellt beskrivits som presenteringskontruktioner (se ANS 1997:467ff). Här uppfattas *centraal station* och *nieuwe huizen* vara egentliga subjekt och *er* ett s.k. presenterings-*er*. Skillnaden mellan den aktiva presenteringskonstruktionen i (3.25) och konstruktionen i (3.24) är att predikatet i (3.24) är en perifrastisk passivkonstruktion med *worden* + particip och att det finns en underförstådd mänsklig agens (företaget bygger centralstationen) vilket inte gäller exempelmeningen i (3.25). För svenska anges att både transitiva och intransitiva verb kan förekomma i opersonliga passivkonstruktioner. Dock skulle de transitiva passiverna även i de skandinaviska språken kunna benämnas presenteringskonstruktioner men gör det traditionellt inte utan faller under kategorin opersonlig passiv (Engdahl & Laanemets 2015:132). I SAG nämns fyra konstruktioner med verb i passiv med expletivt *det* där just en av konstruktionerna har transitivt verb (SAG IV:57). Vidare anges att objektet då är indefinit med vag referens som i (3.33).

(3.33) Det spelades *kort* till långt in på natten. (SAG IV:57)

Den grammatiska beskrivningen av nederländska och svenska går här isär men mot bakgrund av särdraget underförstådd mänsklig agens skulle man kunna kategorisera den nederländska konstruktionen med transitiva verb som opersonlig passiv. Dock kan de intransitiva konstruktionerna tydligare tolkas som opersonlig passiv än de transitiva konstruktionerna, se (3.34).

(3.34a) Er wordt veel gedanst.
(3.34b) Det dansas mycket.

I intransitiva passiva konstruktioner såsom i (3.34) böjs verbet genomgående i 3:e person singular. Här finns ingen skillnad mellan nederländska och svenska. Skillnad i synsätt beträffande de transitiva konstruktionerna kan förklaras med att fokus inte ligger på verbets böjning vid beskrivningen av opersonliga passiver i svenskan. I svenska syns det inte på verbets kongruens i de transitiva konstruktionerna vilket det egentliga subjektet är i jämförelse med nederländska där verbet kongruerar med det egentliga subjektet i satsen, till exempel *er worden huizen gebouwd* 'det byggs hus' – *er wordt een huis gebouwd* 'det byggs ett hus'. I svenska förbehålls termen presenteringskonstruktioner endast opersonliga aktiva konstruktioner såsom i (3.35).

(3.35) Det finns/står mjölk i kylskåpet.

Att detta är en gråzon visar sig i att andra forskare menar att existential-konstruktioner och opersonliga passivkonstruktioner uppvisar stora likheter då båda fyller funktionen att presentera ny information (Carnie & Harley 2005:47). Det har noterats att nederländsk och svensk opersonlig passiv förekommer i serier med intransitiva verb och att konstruktionen är produktiv. Dessa konstruktioner fyller en stilistisk funktion och uttrycker ironi eller t. o. m. en raljant ton (Verhagen 1992, Viberg 2010).

(3.36) Er wordt *gekankerd, kwaadgesproken, geroddeld* en vooral veel *geklaagd*.
'Det gnälls, baktalas, skvallras och framför allt klagas det mycket'
(3.37) Det *söps* och *urinerades* och *spyddes* och *härjades* och *väsnades* rätt bra då också (...).

Man kan i (3.36) och (3.37) se det som att ett scenario målas upp med flera händelser som pågår samtidigt (process) utan att någon enskild individ träder fram ur mängden. Den icke-specifika underförstådda mänskliga agensen kan tolkas så att flera människor utför dessa handlingar inom en bestämd tidsram.

Avgränsad och oavgränsad aktion samt särdraget kontroll

I det följande diskuteras huruvida aktionen i opersonliga passiver är avgränsad respektive oavgränsad. I forskningen har det visat sig att opersonliga passivkonstruktioner framför allt uttrycker oavgränsad aktion (Carnie & Harley 2005, Rawoens, Johansson & Boons 2016, Johansson & Rawoens 2019).

(3.38a) Er wordt veel gewandeld.
(3.38b) Det vandras/promeneras mycket.
(3.39a) *Er wordt gevallen.
(3.39b) *Det falls.

I exempelmeningarna i (3.39) är *vallen/falla* avgränsade och satserna blir därmed ogrammatiska medan *wandelen/vandra* i (3.38), som är oavgränsade, genererar grammatiskt korrekta satser. Om man tittar på fler element visar det sig att även särdraget kontroll spelar en roll.

Tabell 3.1. Oavgränsat/avgränsat respektive + kontroll/- kontroll.

	Oavgränsad aktion	Avgränsad aktion
	Skeenden utan naturlig slutpunkt	Skeenden med naturlig slutpunkt
+ kontroll	werken arbeta	aankomen/arriveren anlända/komma
− kontroll	bloeden blöda	sterven dö

Enligt Zaenen (1993) uttrycker den opersonliga passivkonstruktionen oavgränsad aktion och innehåller särdraget + kontroll för att bli grammatisk. Se Tabell 3.1 delvis från Zaenen (1993).
I satserna (3.40a) och (3.40c) är satserna aktiva och i (3.40b) och (3.40d) har de transformerats till passiva satser med expletivt *er* och *det*, jfr. exempelmeningarna och Tabell 3.1.

(3.40a) De meisjes hebben hard gewerkt.
Flickorna har arbetat hårt.
(3.40b) Er werd hard gewerkt (door de meisjes).
Det arbetades hårt (?av flickorna).
(3.40c) De man heeft gebloed.
Mannen har blött.
(3.40d) *Er werd gebloed (door de man).
*Det blöddes (av mannen).

Den opersonliga passivkonstruktionen i (3.40b) är grammatisk när + kontroll och oavgränsad aktion uttrycks i verbet *werken/ arbeta*. I (3.40d) är satsen också oavgränsad men verbet *bloeden/ blöda* bär särdraget − kontroll vilket gör satsen ogrammatisk. Verb såsom *stinken/ stinka, ruiken/lukta* bildar opersonliga aktiva satser: *det luktar/stinker/blöder* respektive *het ruikt/stinkt/bloedt* och fungerar inte i opersonliga passiver.
När en aktiv sats anger såväl avgränsad aktion som − kontroll går den inte heller att transformera till en grammatisk korrekt opersonlig passiv, jfr. de aktiva satserna i (3.41a) med de passiva satserna i (3.41b).

(3.41a) In dat ziekenhuis sterven (er) veel patiënten.
På det sjukhuset dör (det) många patienter.
(3.41b) *In dat ziekenhuis wordt er (door veel patiënten) gestorven.
*På det sjukhuset dös det (av många patienter).

Verbet *sterven* respektive *dö* är avgränsat samt saknar särdraget + kontroll. Dock kan tilläggas att det i vissa textgenrer kan förekomma opersonliga passiva konstruktioner såsom i skönlitteratur, där satser som avviker från nämnda mönster förekommer, se (3.42).[5]

(3.42) Er wordt weleens gestorven, maar onopvallend, en omdat het erbij hoort.[6]
'?Det dös av och till men obemärkt och bara för att det hör till'

I nederländska förekommer satser som i (3.42) i vissa textsorter och är nog inte heller omöjliga i svensk skönlitteratur. Den ironiska tonen i exemplet tycks ha samma stilistiska funktion som i exempelmeningarna i (3.36 och (3.37) där serier av passiviserade verb förekommer.

Till sist kan nämnas i relation till avgränsad respektive oavgränsad aktion att nederländska har ett tvådelat hjälpverbsystem beträffande perfekt där detta tempus formas med antingen hjälpverbet *hebben* 'ha' eller *zijn* 'vara', till exempel *zij heeft gewerkt* 'hon har arbetat' och *hij is begonnen* 'Han har börjat'. Satser med *hebben* tolkas som oavgränsade och satser med *zijn* tolkas som avgränsade (Klooster 2001:44ff). Verbet *sterven* 'dö' i (3.42) kombineras med hjälpverbet *zijn* i perfekt och är därmed avgränsat. Eftersom avgränsade aktioner i princip är inkompatibla med opersonlig passiv blir satser med verbet därför ofta ogrammatiska. Dock ligger ju även den avgränsade aktionen i verbets semantik vilket förklarar varför avgränsade aktioner i princip inte heller är kompatibla med svenska opersonliga passiver som i översättningen i (3.42).

Opersonliga konstruktioner

Svenska och nederländska har flera konstruktioner som fungerar parallellt med opersonlig passiv, s.k. opersonliga aktiva konstruktioner. Konstruktionerna är inte helt utbytbara utan fyller olika funktioner beroende på kontext. Det kan handla om genre eller om idiomatik. En opersonlig passivkonstruktion kan motsvara en aktiv konstruktion där ett opersonligt pronomen används för att uttrycka att agens är icke-specifik och mänsklig. I vissa kontexter kan man byta ut den opersonliga passivkonstruktionen mot nederländskans *men* respektive svenskans *man*, jfr. (3.43) med (3.44). [7]

(3.43a) Er wordt druk gevoetbald. (opersonlig passiv)
(3.43b) Det spelas fotboll intensivt.
(3.44a) Men voetbalt druk. (opersonlig aktiv)
(3.44b) Man spelar fotboll intensivt.

Ramat & Sansò definierar *man*-konstruktionen i ett flertal europeiska språk som en opersonlig aktiv konstruktion där talaren sätter aktionens agent i bakgrunden (agent-defocusing) antingen för att den är generisk och inte går att identifiera eller för att den är specifik men okänd (2007:96). *Man*-konstruktionen används bl.a. i konstruktioner där *man* motsvarar hela mänskligheten (Ramat & Sansò 2007:100). Denna generella betydelse illustreras i (3.45).

(3.45a) Men leeft maar één keer. (exempel från Weerman 2006:26).
(3.45b) Man lever bara en gång.

Men och *man* kan dock också vara icke-specifikt och åsyfta en mindre grupp människor, såsom i (3.46).

(3.46a) Men vond haar te jong.
(3.46b) Man tyckte att hon var för ung.

I (3.46b) kan man tala om vag referens (SAG II:395). Vem/vilka som tycker att hon är för ung är outtalat men agensen är mänsklig och samma funktion uppfylls som i passivkonstruktioner där information angående identiteten på dem som uttalar sig inte ges.

På svenska kan *man* dessutom användas med en mycket specifik referens, nämligen talaren själv, och *man* kan i dessa fall i allmänhet bytas ut mot *jag*, jfr. (3.47) och (3.48).

(3.47) *Man* blir ju ledsen när ingen hör vad *man* säger.
(3.48) *Ik* word verdrietig als niemand hoort wat *ik* zeg.
'Jag blir ledsen om ingen hör vad jag säger'

I satser som (3.47) är utgångspunkten talarens personliga erfarenhet men samtidigt generaliserar talaren sin erfarenhet till att kunna inbegripa andra människor i samma situation (Pettersson 1978:22). I SAG (II:265) tas också denna betydelse upp för svenskan och att betydelsen då ligger nära 1:a personens personliga pronomen. I vissa fall finns ytterligare en dimension i detta personliga bruk av svenskans *man*. Det är även en möjlighet att distansera sig från en emotionell utsaga om sig själv: *man mår ju inte bra när sådant här händer*. Pettersson (1978:22) beskriver också bruket av *man* som syftande på talaren själv "en yttring av anspråkslöshet och tillbakadragenhet", t. ex som svar på påståendet: – *vad kunnig du är*. – *man har väl läst mycket om det genom åren*.

Nederländskans *men* används aldrig som åsyftande talaren själv. Det finns ytterligare restriktioner för användningen av *men* och det gäller textsort. *Men* används främst i formellt språk (ANS 1997:256; Weerman 2006:31) medan svenskans *man* uppvisar större variation och förkommer frekvent såväl i litterära texter som i sakprosetexter (Altenberg 2005:93). *Man* förekommer också mycket frekvent i talspråk. Av denna anledning används också *man* betydligt mer frekvent än *men* och istället för att använda *men* i nederländska är obetonat pronomen *je* 'du' det vanligaste sättet att uttrycka opersonlig icke-specifik betydelse (Weerman 2006; Coussé & Van der Auwera 2012). Ett exempel på detta ges i (3.49).

(3.49a) *Je kon niet horen dat hij loog.*
(3.49b) *Man kunde inte höra att han ljög.*

Satsen i (3.49b) kommer från översättningskorpusen SALT där den svenska satsen i (3.49b), med en *man*-konstruktion, har översatts till nederländskans *je* 'du' i (3.49a). Svenskans *du* är inte omöjlig i denna sats och enligt SAG (II:264) förefaller bruket av *du* bli vanligare i kontexter där *man* även kan användas. Dock förefaller *man*-konstruktion eller en konstruktion med deponensverbet *höras*, såsom i *det kunde inte höras att han ljög* (jfr. (3.49b)) mer frekvent än pronomen *du*. Vad gäller nederländskans bruk av *je* respektive *men* kan man dra en parallell till engelskans bruk av *you* respektive *one* som opersonligt pronomen på så vis att *you* används mer frekvent och *one* är mer formellt.

Det finns ytterligare opersonliga pronomen som används för att uttrycka att agens är icke-specifik och mänsklig, till exempel *någon, ingen, folk* osv., som i (3.50).

(3.50) Ingen/någon öppnade.

På nederländska uttrycks satsen i (3.50) dock vanligen med en opersonlig passiv, illustrerat i (3.51).

(3.51a) Er werd (niet) opengedaan.
(3.51b) *Det öppnades (inte).

I svenska är opersonlig passiv i (3.51b) ogrammatisk. Givetvis kan indefinita pronomen såsom *iemand* 'någon' och *niemand* 'ingen' även användas på nederländska för att uttrycka opersonlig referens men i konstruktionen i (3.51a) förefaller opersonlig passiv mer frekvent. Skillnaden mellan konstruktionerna i (3.51a) och (3.51b) visar att det finns olika sätt att uttrycka opersonlig icke-specifik betydelse i nederländska och svenska.

Ett antal nederländska verb såsom *kloppen* 'knacka', *beuken* 'banka/bulta', *rammen* 'slå (in)', *slagen* 'slå', *aanbellen* 'ringa på' förekommer i opersonliga passivkonstruktioner. Dessa verb förekommer i en kontext där en okänd agens *knackar, bultar, bankar, ringer på* exempelvis en dörr som i (3.52).

(3.52a) Er werd geklopt.
'*Det knackades på dörren'
(3.52b) Det knackar på dörren.

I nederländskan ligger fokus på att en okänd individ utför denna handling eftersom opersonlig passiv uttrycker implicit mänsklig agens. På svenska fungerar opersonlig passivkonstruktion mindre bra i kombination med dessa verb. Istället används främst en opersonlig aktiv konstruktion som i (3.52b) (se Johansson & Rawoens 2019). Här ligger fokus främst på det ljud som uppkommer även om satsen givetvis förutsätter att det är en mänsklig agens som utför själva handlingen. Dessa verb benämns av

Viberg ljudkälleverb (sound emergence verb) (2010:153), jfr (3.53) och (3.54).

(3.53) Er werd hard op de deur gebeukt.
'*Det bankades hårt på dörren'
(3.54) Det bankade hårt på dörren.

Skillnaden mellan (3.53) och (3.54) kan förklaras med skillnad i perspektiv mellan nederländska och svenska: i nederländska ligger fokus på en implicit mänsklig agens medan det i svenskan förefaller ligga fokus på det ljud som uppstår genom handlingen med tanke på verbens kategorisering som ljudkälleverb. Vidare skulle detta kunna utgöra en möjlig restriktion för bruket av opersonlig passiv i svenskan. Opersonlig passiv används när en mänsklig agens åsyftas som utgör en icke-specifik grupp av människor. Satsen i (3.54) implicerar att en enda individ utför själva handlingen att banka på dörren. När den implicita agenten är en individ istället för en icke-specifik grupp människor tycks opersonlig aktiv användas (Johansson & Rawoens 2019). Ett undantag till detta är svenskans möjlighet att använda opersonlig passiv för att undvika direkt tilltal i ett samtal såsom i *betalas det kontant eller ska jag skriva upp det?* Här kan man tolka satsen som att endast en person åsyftas. Emellertid har denna typ av konstruktion främst haft som funktion att undvika personligt tilltal med *du* eller *ni*.

Svenskans deponensverb utgör också en intressant kontrast med nederländskan. Deponensverb är verb som har s-form utan att ha passiv funktion, som nämnts tidigare. De deponensverb som tas upp här är: *behövs, hörs, känns, syns* och *tycks*. Dessa verb förekommer i opersonliga konstruktioner där en s.k. generisk upplevare är underförstådd (SAG II:557) vilket gör att konstruktioner såsom *det behövs/hörs/känns/syns/tycks* påminner om opersonliga passiver. De förefaller dessutom vara starkt lexikaliserade. Det finns ingen entydig motsvarighet till dessa konstruktioner i nederländska men satsen *det behövs* kan motsvaras av en lexikaliserad fras i nederländska: *er is iets nodig*, se (3.55a) och (3.55b).

(3.55a) *Er is een microscoop nodig om te kunnen zien hoe hij werkte.*
(3.55b) Det behövs mikroskop för att se hur den fungerade.

I en negativ kontext förekommer även det nederländska verbet *hoeven* 'behöva' där svenskan använder deponenskonstruktionen *det behövs*, jfr. (3.56a) och (3.56b).

(3.56a) *Dat hoeft ook niet.*
(3.56b) Det behövs ju inte heller.

Vad gäller svenskans deponenskonstruktion *det hörs* kan den motsvaras av i princip två olika verb i nederländskan beroende på kontext: *klinken* i (3.57) och *horen* i (3.58):

(3.57a) *Er klinken heftige stemmen vanuit de keuken.*
(3.57b) Det hörs häftiga röster från köket.
(3.58a) *Er is niets te horen.*
(3.58b) Det hörs ingenting.

Både (3.57) och (3.58) utgör opersonliga aktiva konstruktioner i nederländskan och *er is iets/niets te horen* 'det hörs någonting/ingenting' är starkt lexikaliserade. Följande svenska deponensverb följer ett liknande mönster som ovan vad gäller deras motsvarighet på nederländska:

det känns som att (...) – het voelt alsof (...)
det syns på (...) – het is te zien aan (...)
det tycks som mycket länge sedan – het lijkt erg lang geleden

Det kan noteras att nederländskan har både *er* och *het* som kan stå på subjektsplatsen. I ANS diskuteras hur mångfacetterad *er* är beträffande dess funktion i språket. I vissa kontexter kan man beskriva *er* som adverb och i andra kontexter som pronomen (ANS 1997:464). *Het* beskrivs som ett indefinit pronomen och kan vara referentiellt och därmed syfta tillbaka på något som nämnts i kontexten eller var aktuellt på något annat sätt (ANS 1997:247). Ibland är *het* icke-referentiellt i satser med exempelvis väderverb: *Het regent* 'Det regnar' (ANS 1997:258-259). Både *het* och *er* kan användas i nederländska opersonliga konstruktioner medan svenskan har *det*.

Sammanfattning

Svenska och nederländska har en uppsättning olika opersonliga konstruktioner. Vissa konstruktioner fungerar på ett liknande sätt hos de två språken, men många gånger finns skillnader i frekvens beroende på textsort och även restriktioner för hur själva konstruktionerna kan användas. Allmänt kan man dessutom säga att nederländsk opersonlig passiv används mer frekvent i jämförelse med svenskans opersonliga passiv vilket två korpusundersökningar har visat (Rawoens, Johansson & Boons 2016; Johansson & Rawoens, 2019). I den bidirektionella översättningskorpusen SALT (Dut-Swe) har det även visat sig att nederländsk opersonlig passiv i källtexten främst översätts till svenska *man*-konstruktioner och andra aktiva opersonliga konstruktioner med opersonligt pronomen såsom *någon* och *ingen*. De svenska opersonliga passiverna i källtexten i samma korpus översattes i betydligt större utsträckning till nederländska opersonliga passiver i måltexten (Johansson & Rawoens 2019).

Noter

1. I nederländskan benämns denna konstruktion även *pseudo-passief* då den skiljer sig från den prototypiska passivkonstruktionen (se Kirsner 1976-1977 och Verhagen 1992).

2. Exempel på när *det* är icke-referentiellt är som subjekt vid satser med väderverb: *det snöar*. Nederländskan har ytterligare ett pronomen som kan ha icke-referentiell betydelse *het* vilket förekommer i satser med nederländska väderverb, till exempel *het sneeuwt* (se ANS 1997:258-259).

3. Ibland är *er* t.o.m. ogrammatiskt i sådana satser.

4. Se även Falk (1993:269ff) beträffande svenska och Grondelaers, Speelman & Geeraerts (2008) beträffande nederländska.

5. Beliën (2016) nämner framför allt att de avgränsade verben *vallen* och *sterven* kan förekomma i opersonliga passiver trots att de semantiskt sett inte är kompatibla med konstruktionen.

Opersonlig passiv och opersonliga konstruktioner 55

6. Exemplet kommer från den bidirektionella översättningskorpusen SALT (NL-SVE). Sökbar via https://spraakbanken.gu.se/. Den svenska översättningen lyder: Nog dör det av och till folk, men obemärkt, och bara för att det hör till.

7. Kirsner nämner att det inte alltid går att byta ut en opersonlig passivkonstruktion mot en aktiv *men*-konstruktion: en nu, Jantje, wordt er geslapen! 'och nu, Jantje, ska här sovas! Jfr. *'en nu, Jantje, slaapt men! '?och nu, Jantje, sover man' (1976:398).

4. Positionsverb

Typologiskt kan språk delas in i två kategorier när det gäller lexikaliseringen av rörelse (motion events): *satellite-framed* respektive *verb-framed languages*. Skillnaden mellan germanska och romanska språk (till exempel franska, italienska och spanska) har ofta varit utgångspunkten för denna indelning (Talmy 1985; 2000; Slobin 1996; Ross 2016). Talmy använder termerna *väg* eller *riktning* (path) och *sätt* (manner) där exempelvis ett språk som italienskan som benämns verb-framed har rörelsens *väg/riktning* inherent i huvudverbet medan rörelsens *sätt* kan uttryckas med ett komplement. Germanska språk som svenska och nederländska är satellite-framed där istället rörelsens *sätt* finns inherent i huvudverbet medan rörelsens *väg/riktning* kan uttryckas med en satellit (till exempel en partikel eller postposition), jfr. nederländska i (4.1) med översättningarna till italienska i (4.2) och svenska i (4.3).[1]

(4.1) De mensen wandelen het gebouw *uit*.
(4.2) La gente *esce* dall'edificio.
 'människorna går ut byggnaden'
(4.3) Människorna vandrar *ut* ur byggnaden.

I exempel (4.2) anges *riktning* i verbets semantik (esce = gå ut) medan nederländska använder postpositionen *uit* och svenska adverbet *ut* (i kombination med prepositionen *ur*) för att uttrycka riktning. I den nederländska satsen i (4.1) benämns *uit* postposition då den placeras sist i satsen och på så vis anger riktning. Svenskan använder istället riktningsadverb i kombination med en

---

Hur du refererar till det här kapitlet:
Johansson, A. 2019. *Kontrastiva studier i nederländska och svenska: Med en inledning om tredjespråksinlärning och tvärspråklig medvetenhet.* Pp. 56–77. Stockholm: Stockholm University Press. DOI: https://doi.org/10.16993/baz.e
License: CC-BY.

preposition i (4.3). Man kan alltså se att verbet i italienska anger generell rörelse (gå) och i nederländska specifik rörelse med verbet *wandelen* 'vandra' som alltså anger på vilket *sätt* rörelsen sker: gå till fots i lugnt tempo. Svenskans *vandra* har motsvarande betydelse. Om ett romanskt språk vill ange rörelsens *sätt* sker det med ett gerundium (verbalsubstantiv), prepositionsfras eller adverbial. I följande sats används prepositionsfras *med flyget* på italienska för att ange *sätt* på vilket rörelsen sker: *sono andato a New York con l'aereo* 'jag har åkt *med flyget* till New York'. På svenska och nederländska kan man använda verbet *flyga* där både rörelse och sätt anges: *jag har flugit till New York* respektive *ik ben naar New York gevlogen.*

Uppdelning av språk i satellite-framed och verb-framed kan även appliceras på bruket av positionsverb i germanska språk för att uttrycka befintlighet. Även här skiljer sig romanska respektive germanska språk åt i det att exempelvis franska uttrycker befintlighet (locative events) med generella verb såsom *être* 'vara', *était posée* 'vara placerad' eller *se trouver* 'befinna sig' medan de germanska språken såsom nederländska, svenska och tyska kan uttrycka befintlighet med verb som anger en specifik position med *staan/liggen/zitten* respektive *stå/ligga/sitta* (se till exempel Viberg 2013). Nedan jämförs franskan i (4.4) med översättningar till nederländska och svenska i (4.5) respektive (4.6).

(4.4)   Il *est* en prison.
        'Han är i fängelset'
(4.5)   Hij *zit* in de gevangenis.
(4.6)   Han *sitter* i fängelse.

I (4.4) har den franska exempelmeningen ett generellt verb (vara) som uttrycker befintlighet medan de nederländska och svenska exempelmeningarna använder *zitten* respektive *sitta* som anger en specifik position där dock betydelsen egentligen inte behöver innebära att fången verkligen *sitter* utan snarare betydelsen att det mänskliga subjektet *befinner sig* i fängelset. Både svenska och nederländska har generella verb som uttrycker existens, till exempel har svenskan *vara* och *finnas* och nederländskan *zijn*. Dock används positionsverben mycket frekvent på ett sätt som inte är möjligt för de romanska språken.

Inom kognitiv semantik förklaras positionsverbens prototypiska betydelse med att de går att härleda till människans tre huvudsakliga positioner. Det finns således en antropocentrisk grund till verbens betydelse och användning. Verbens antropocentriska bas kan beskrivas på följande sätt (Van Oosten 1984; Lemmens 2002):

- *staan/stå*: människans kanoniska position är vertikal. Hos en stående människa är den vertikala positionen i fokus, dvs. människans höjd. Människan håller sig upprätt med egen fysisk kraft (+ kontroll).
- *liggen/ligga*: inte människans kanoniska position. Hos en liggande människa är den horisontella positionen i fokus, dvs. människans längd, inte höjd. Människan använder inte sin fysiska kraft (− kontroll).
- *zitten/sitta*: en position mellan *stå* och *ligga*. Människan använder sin fysiska kraft för att hålla sig upprätt i sittande position. Detta drag är mindre framträdande i jämförelse med stående position men mer framträdande i jämförelse med liggande position.

Verben har utifrån dessa prototypiska betydelser fått en utvidgad betydelse där positionsverben återger bl.a. icke-mänskliga subjekts position. Detta gör att positionsverben används mycket frekvent i nederländska och svenska (Lemmens & Perrez 2010, Allén 1971). Ur följande exempel i (4.7) kan man härleda verbets antropocentriska grund i användningen av verbet med ett icke-mänskligt subjekt som i (4.8).

(4.7a) Flickan ligger i sängen. (mänsklig position)
(4.7b) Het meisje ligt in bed.
(4.8a) Besticken ligger i lådan. (icke-mänskligt subjekt där dess rumsliga position anges)
(4.8b) Het bestek ligt in de la.

Positionsverbet *ligga/liggen* anger subjektets befintlighet på en plats och anger samtidigt en specifik position. Valet av positionsverb kan säga något om det icke-mänskliga subjektets utseende/form eller funktion som i (4.8) där *bestickets* längd är i fokus vilket

Positionsverb 59

hänger ihop med det mänskliga subjektets position i (4.7). På en fråga var ett föremål finns anges ofta föremålets rumsliga position med något av positionsverben *stå, ligga, sitta* såsom i *– waar is het boek?/var är boken?, – het staat op het rekje/den står på hyllan.*

I följande avsnitt beskrivs positionsverbens användning i nederländska och svenska mer ingående baserat på tre semantiska användningsområden som beskrivits för nederländskan i två artiklar av Lemmens & Perrez (2010) och De Knop & Perrez (2014).

Positionsverbens semantiska nätverk i nederländska och svenska

Begreppen *figur* och *bakgrund* används i beskrivningen av positionsverben som analysredskap. Figur och bakgrund används för att beskriva vad som fokuseras i satsen. Dessa termer anger hur något lyfts fram (figur) i förhållande till något annat som utgör referenspunkten (bakgrund). Figuren kan vara rörlig men inte nödvändigtvis medan bakgrunden gärna är fast (Talmy 2000:26; Vogel 2011:48) såsom i *soffan står på golvet*. Soffan är här figuren och *golvet* är bakgrunden. Talmy (2000:312) anger att figur och/eller bakgrund kan vara en mängd av något eller ett område såsom i *floden flöt utmed bergssidan.* Här är *floden* figur och beskrivs i relation till bakgrunden *bergssidan*.

Man kan urskilja tre semantiska användningsområden vad gäller positionsverben: **människans kroppsliga position** när en människa konkret *står, ligger* och *sitter*, **befintlighet** som refererar till positionen en människa, ett djur eller entitet, (figur), har i förhållande till en konkret plats, exempelvis en låda, ett skåp eller golv (bakgrund) och **metaforisk** användning där figur och/ eller bakgrund har en abstrakt betydelse, illustrerat i (4.9), (4.10) respektive (4.11).[2]

(4.9a) Kvinnan sitter på stolen. (mänsklig position)
(4.9b) De vrouw zit op de stoel.
(4.10a) Gaffeln ligger på bordet. (befintlighet)
(4.10b) De vork ligt op tafel.
(4.11a) Kollegorna stod maktlösa inför beslutet. (metaforisk användning)
(4.11b) De collega's stonden machteloos tegenover het besluit.

I (4.9) är både figur och bakgrund konkreta med antroprocentrisk position i fokus. I (4.10) är också figur och bakgrund konkreta men figuren, dvs. *gaffeln*, är ett icke-mänskligt subjekt vars position går att koppla till mänsklig position, jfr (4.8). Gaffelns placering ses ur ett horisontellt perspektiv och därför används verbet *ligga/liggen*. I (4.11) är figuren (=kollegorna) konkret medan bakgrunden (=beslutet) är abstrakt och användningen av positionsverbet kan beskrivas som metaforisk. Vidare kan noteras att betydelsen mänsklig position och befintlighet kan förekomma samtidigt. På frågan: – *var är mamma?* kan svaret bli: - *hon sitter i vardagsrummet*. Troligen sitter hon i vardagsrummet men svaret uttrycker framför allt att mamma befinner sig i vardagsrummet. Beskrivningen av positionsverben kommer att följa indelningen i ovan nämnda användningsområden.

Beskrivningen av positionsverben är baserad på s.k. föreställningsscheman som är en av grundpelarna i den kognitiva semantiken. I kognitiv semantik menar man att våra kroppsliga erfarenheter påverkar hur vi tänker om olika företeelser och dessa kroppsliga erfarenheter skapar mönster. Dessa mönster används om och om igen i förståelsen av vår omvärld och kallas föreställningsscheman. Föreställningsscheman bildas främst av erfarenheter som kommer från synsinnet, hörselsinnet och känselsinnet (Vogel 2011:51). Man kan alltså säga att tanken är kroppsligt förankrad och det kan vi se i språket. Ett föreställningsschema som spelar en framskjuten roll i beskrivningen av positionsverben är behållare-schemat (containment). Lakoff och Johnson (1980:29) skriver följande om behållare-schemat:

> We are physical beings, bounded and set off from the rest of the world by the surface of our skins, and we experience the rest of the world as outside us. Each of us is a container, with a bounding surface and an in-out orientation. We project our own in-out orientation onto other physical objects that are bounded by surfaces. (...). Rooms and houses are obvious containers. Moving from room to room is moving from one container to another, that is, moving *out of* one room and *into* another.

I behållare-schemat är kroppen en behållare men det kan även vara konkreta föremål eller platser i relation till den egna kroppen såsom i *kvinnan gick in i den stora salen*. Kroppen kan även vara en behållare för känslor som exempelvis sorg, glädje och ilska. Andra behållare som Lakoff och Johnson nämner är abstrakta såsom händelser, aktiviteter och tillstånd som i *han låg i koma* (1980:30-32). Behållare-schemat tillsammans med kontakt-schemat är relevant vad gäller verben *zitten* och *sitta* (Lemmens 2002). För att använda termerna figur och bakgrund kan man säga att figuren har *nära kontakt* med bakgrunden för *zitten* (Lemmens 2002:108). Det går även att applicera på svenskans *sitta* såsom i *Kroken* (figuren) *sitter i väggen* (bakgrunden).

Stå-staan

Människans kroppsliga position refererar till en människas (men även i viss mån djur) stående position i sin prototypiska användning av *stå* och *staan*. Människans position är således vertikal och hon håller sig upprätt med egen kraft (+ kontroll), illustrerat i (4.12) och (4.13).

(4.12) Det *står* två kunder vid kassan.
(4.13) Er *staan* twee klanten aan de kassa.

I dessa exempel beskrivs en konkret stående position. Denna kroppsliga, konkreta och mänskliga position kan utvidgas till **befintlighet** och referera till föremål stående på sin bas eller där föremålet har ben som exempelvis en stol. Människans stående position förefaller vara en av de främsta anledningarna till verbets utvidgade betydelse till icke-mänsklig befintlighet tvärspråkligt sett (Newman 2002). Här ligger fokus främst på föremålets bas, precis som människans bas är fötterna, se (4.14) och (4.15), och inte på själva vertikaliteten. Viberg menar att svenskans *stå* anger att objektet eller föremålet typiskt har stöd underifrån (2013:147). Jakobsson benämner detta "funktionellt upp" som innebär att när föremål är placerade med ovansidan uppåt och klara att tas i bruk används *stå* (1996:29). Detta stämmer även för nederländskans *staan* (Lemmens & Perrez 2012), se (4.14) och (4.15).

(4.14) Stolarna *står* i köket.
(4.15) De stoelen *staan* in de keuken.

I (4.14) och (4.15) är sittytan den funktionella sidan på stolen. Om stolarna ligger ner får det en speciell betydelse exemepelvis att någon har knuffat omkull dem: *stolarna ligger i köket*. Jakobsson menar att *stå* och *ligga* fungerar som ett dikotomiskt par och om vi betraktar stolarna som liggande ses positionen istället som "icke funktionellt upp" (1996:35). *Stå* och *staan* blir på så vis den omarkerade positionen i (4.14) och (4.15) och gäller allmänt för kategorin möbler. Att det handlar om basen eller stöd underifrån ser man även i exemplet *tallriken står på bordet/het bord staat op tafel*. Det handlar här också om att föremåls funktionella sida aktiveras i användningen av *stå-staan* (Jakobsson 1996; Lemmens & Perrez 2012; Viberg 2013:146). Detta kan appliceras på bruksföremål i allmänhet såsom flaskor, koppar, datorer m.m. då deras normala position är stående. I jämförelse med ovan exempel får endast vertikalitet för *stå-staan* relevans när föremålets bas/funktion inte är i fokus såsom i följande exempelmeningar (4.16) och (4.17).

(4.16) Tallrikarna *står* i diskstället.
(4.17) De borden *staan* in het afdruiprek.

Tallrikens vertikala position är i fokus när de står på högkant i ett diskställ eftersom detta vanligen inte är tallrikens funktionella position. Tallrikens bas och funktionella sida är den centrala betydelsen vilket återges när tallrikarna står på bordet. För vissa föremål saknas en bas och då spelar dimensioner som längd och bredd en roll. Ett exempel på detta är en bok som inte har en funktionell sida. Den kan både *stå* och *ligga* beroende på var den placeras. I en bokhylla står den vanligen och på bordet ligger den (Lemmens & Perrez 2012).

I nederländska förekommer även en användning av *staan* för att ange stor kvantitet. Samtidigt är föremålets funktionella sida fokuserad, dvs. det är burkarna som står som i satsen *de kast stond vol potjes* 'skåpet var fullt av burkar/?skåpet stod fullt av burkar'. I svenskan kan även verbet *vara* användas. Att det är fokus på föremålets funktionella sida blir tydligt vid en jämförelse med konstruktionen *de weg lag vol met takken* 'vägen låg full med grenar' där en gren inte har en funktionell sida utan dess längd är i fokus vilket föranleder användningen av verbet *liggen/ligga*, se avsnittet om *ligga/liggen*.

Stå-staan kan även användas för att ange bokstävers, siffrors, teckens position i skriftligt material såsom i brev, texter och diagram eller på sidor, webbsidor eller tavlor, se (4.18) - (4.21).

(4.18) Hennes adress stod i telefonkatalogen.
(4.19) Haar adres stond in de telefoongids.
(4.20) Det står på sida 5 i boken.
(4.21) Het staat op pagina 5 in het boek.

Denna användning av stå/staan förekommer i alla germanska språk förutom i engelska (Viberg 2013:157). I dessa kontexter uppfattas bokstäver och siffror som stående på en linje. I (4.20) och (4.21) är det inte bokstäver eller siffror som fokuseras utan allmän skriftlig information av något slag. Text kan även "stå" på en byggnad: *företagsnamnet stod på byggnaden/de naam van het bedrijf stond op het gebouw*. Det finns en skillnad mellan svenska och nederländska beträffande bilder och foton där nederländskan använder *staan* medan svenskan använder ett neutralt verb: *op de foto staan* – *vara med på bild*.

I nederländska kan *staan* även användas i värderande uttryck som i (4.22).

(4.22) Dat rokje staat je goed.
*Den kjolen står dig bra
'Den kjolen klär dig'

Van Oosten (1984) menar att detta hänger ihop med hur människan bär upp kläder, dvs. stående. Då syns klädernas passform. I svenska skulle ovanstående mening kunna skrivas om antingen med *sitta* eller med *passa*, jfr. 4.23) och (4.24):

(4.23) Den kjolen sitter bra (på dig).
(4.24) Den kjolen passar dig bra.

I (4.23) används positionsverbet *sitta* och man kan se det som att personen (eller del av personen) 'sitter' snyggt i klädesplagget. Vi kommer tillbaka till detta under avsnittet om *sitta-zitten*, se (4.64).

Metaforisk användning beträffande *stå-staan* refererar till en människas position även när själva positionen är icke-fokuserad eller inte ens relevant (Lemmens & Perrez 2010:320), men däremot finns kopplingen till att ha kontroll och använda fysisk kraft till verbet (Newman 2002:17). Detta illustreras i (4.25) och (4.26).

(4.25) Vi måste *stå* för det vi säger.
(4.26) We moeten *staan* voor wat we zeggen.

I (4.25) och (4.26) kan man härleda den prototypiska betydelsen hos *stå-staan* ur kontroll och kraft. Ytterligare exempel är: *Stå bakom något/någon – Achter iets/iemand staan*, *Stå fast vid något – Stå för sina principer – Voor jouw principes staan*. Vidare finns det flera konstruktioner där nederländskan använder *staan* och svenskan *liggen* för att uttrycka samma sak: *er staat er goed/ slecht voor* respektive *Det ligger bra/dåligt till*. Ytterligare exempel på när svenskans *stå* och nederländskans *staan* kan kopplas till kraft och t. o. m. framgång är uttrycket *något står och faller med det – daarmee staat of valt het*. Här kopplas att förbli upprätt till framgång och att falla till misslyckande.

Ligga-liggen

Människans kroppsliga position för *liggen* och *ligga* refererar till en människas (och för vissa djur) liggande position vilket dock inte är hennes kanoniska position. Den prototypiska betydelsen innebär att fokus ligger på horisontell position och att en liggande människa inte använder sin kraft (– kontroll), såsom i (4.27) och (4.28).

(4.27) Barnet *ligger* i sängen.
(4.28) Het kind *ligt* in bed.

Befintlighet som betydelsedomän har horisontell position i fokus och framför allt om föremålet saknar en bas och är löst till sin struktur såsom kläder, dukar, papper, illustrerat i (4.29) och (4.30).[3]

(4.29) Servetten *ligger* på bordet.
(4.30) Het servet *ligt* op tafel.

En servett är förhållandevis lös till sin struktur och kan vikas eller knögglas ihop och har därmed ingen typisk bas. Av den anledningen används *ligga/liggen* för att ange horisontell position. Att den horisontella positionen är i fokus ser man även i exempelmeningen med bestick i (4.8) *Besticken ligger i lådan*. De varken står eller sitter men de kan ligga på exempelvis bordet, eftersom ingen naturlig funktionell sida existerar. Ett annat exempel är *det låg en massa grenar på vägen/er lagen allemaal takken op de weg*. En gren skulle kunna *stå* ut från trädets stam men i detta fall befinner sig grenarna/de takken på marken. De har förlorat sin funtionella, naturliga position och befinner sig på marken. Även för föremål eller entiteter som består av flera delar eller partiklar ligger fokus på horisontell position såsom i (4.31) och (4.32).

(4.31) Det *ligger* smulor på bordet.
(4.32) Er *liggen* kruimels op tafel.

I (4.31) och (4.32) impliceras att figuren (smulor/kruimels) ligger utspridda på ett oordnat sätt (jfr. med uttrycket *ligger och skräpar*).

Användningen av *ligga-liggen* gäller i det följande runda eller symmetriska föremåls befintlighet som varken kan definieras utifrån horisontell eller vertikal position (Lemmens & Perrez 2010:323; Lemmens & Perrez 2012). Detta kan exemplifieras i en kontext där figuren är en *boll* mot bakgrunden *gräs* eller ett *äpple* på ett *bord*, se (4.33) och (4.34).

(4.33a) Bollen ligger i gräset.
(4.33b) De bal *ligt* in het gras.
(4.34a) Äpplet *ligger* på bordet.
(4.34b) De appel *ligt* op tafel.

Svenskans *ligga* kan även användas för att beskriva olika sorters föremåls position i ett mindre, delvis slutet utrymme. Det s.k. behållare-schemat aktiveras, jfr. (4.35) och (4.36).

(4.35) Isbiten *ligger* i glaset. (delvis slutet utrymme)
(4.36) Plånboken *ligger* i väskan. (slutet utrymme)

I (4.35) och (4.36) är det inte främst föremålets form som föranleder användningen av *ligga* i de svenska meningarna utan att de befinner sig i ett slutet eller delvis slutet utrymme (containment). Exempelmeningar som *nycklarna ligger i fickan* visar att varken föremålets fasthet eller konsistens spelar roll. I nederländska är det positionsverbet *zitten* som aktiveras hos behållare-schemat. I ovanstående exempelmeningar (4.35) och (4.36) aktiveras således *zitten* vilket diskuteras under avsnittet om *sitta-zitten*. Svenskans användning av *ligga* kallar vi behållare-*ligga*.

Ligga-liggen används för att ange ett områdes, stads eller byggnads befintlighet på en horisontell linje eller skala, dvs. en sorts geografisk position. Man kan också se det som att ett område är täckt av en stad eller byggnad, illustrerat i (4.37 – 4.40).

(4.37) Skolan *låg* framför oss.
(4.38) De school *lag* voor ons.
(4.39) Stockholm *ligger* vid Mälaren.
(4.40) De haven van Rotterdam *ligt* aan de Noordzee.
 'Rotterdams hamn ligger vid Nordsjön'

I (4.37) är det inte själva skolan som konkret byggnad som fokuseras utan en geografisk position, en plats, där man befinner sig i skolan. Jakobsson menar att svenskans *ligga* fungerar som omärkt positionsverb för angivande av geografisk position (1996:35).[4] Denna användning är frekvent i svenskan (Viberg 2013:153) vilket även stämmer för nederländskan. Vid en jämförelse mellan *ligga-liggen* och *stå-staan* används det senare för att fokusera på själva byggnaden såsom i (4.41) och (4.42).

(4.41) Det *står* ett hus på berget.
(4.42) Er *staat* een huis op de berg.

I (4.41) och (4.42) är det inte en allmän geografisk position som fokuseras utan byggnadens konkreta bas eller funktionella sida som är i fokus och då används just *stå-staan*. Enligt Viberg är användningen av svenskans *stå* i kombination med byggnader o.dyl. mindre frekvent (2013:148). I vissa fall förefaller byggnadens funktion i kombination med geografisk position att göra sig gällande snarare än byggnadens bas. I dessa konstruktioner används *ligga* framför *stå* som i *biblioteket ligger i innerstan*. På nederländska är både *zijn* 'vara' och *liggen* möjliga i denna kontext: *de bibliotheek is/ligt in de binnenstad*. För båda språken aktiveras för *ligga/liggen* också en skala som rör kvantitativa aspekter i exempel som *Lönen ligger runt 30 000* /*Het salaris ligt rond de 30 000*. Den utvidgade betydelsen av *ligga-liggen* till den metaforiska betydelsedomänen gäller ofta abstrakt bakgrund såsom ansvar, problem, tillstånd. I den metaforiska domänen märks de största skillnaderna mellan språken, se (4.43) och (4.44).

(4.43) Zij winnen en wij *liggen* eruit.[5]
'De vinner och vi är utslagna'
(4.44) Vi vann mycket pengar men vi *ligger* lågt med beloppet.
'Wij hebben veel geld gewonnen maar we houden ons gedekt over het bedrag'

I verbets antropocentriska betydelse ingår elementet – kontroll (dvs. vid liggande position finns kopplingar till inaktivitet och negativa händelser) vilket skulle kunna förklara de metaforiska uttrycken i (4.43) och (4.44). Vid en närmare betraktelse av den metaforiska domänen med *ligga* och *liggen* kan vissa uttryck benämnas metaforisk behållare (jfr. Lemmens & Perrez 2010:328), såsom i (4.45) – (4.47).

(4.45a) Det *ligger* inte i hans natur.
(4.45b) Het *zit* niet in zijn natuur/het *ligt* niet in zijn aard.
(4.46a) Problemet *ligger* hos henne.
(4.46b) Het probleem *zit/ligt* bij haar.
(4.47a) Det *ligger* mig i fatet.
(4.47b) Het *zit* me dwars.
'Det retar mig'
(4.48a) Det kan aldrig *ligga* på henne att lösa problemet.
(4.48b) Het kan nooit aan haar *liggen*.

I exemplen ovan aktiveras ibland både *liggen* och *zitten* i nederländskan vilket inte gäller för svenskan. I (4.48) anger *liggen/ligga* betydelsen av att problemet o.dyl. är som en tyngd för det mänskliga subjektet. Den metaforiska behållaren kan kopplas till behållare-*ligga* som nämnts tidigare för svenskan under avsnittet om befintlighet (se exempelvis (4.35) – (4.36).

För *ligga-liggen* kan en tidslinje som beskriver en abstrakt tidsaspekt aktiveras. Denna tidsaspekt i form av en abstrakt tidpunkt kan ligga bakom eller framför människan som i (4.49) eller för att beskriva en händelse i nuet som i (4.50).

(4.49a) Det *ligger* i det förgångna
(4.49b) Het *ligt* in het verleden.
(4.50) Det *ligger* i tiden.
        'Het is iets van deze tijd'

Sitta-zitten

Människans kroppsliga position för *zitten* och *sitta* refererar till en människa (eller djur) i sittande position. Den prototypiska betydelsen innebär en position mellan *stå* och *ligga*. Människan använder sin kraft för att hålla sig upprätt i sittande position. Detta drag är mindre framträdande i jämförelse med stående position men mer framträdande i jämförelse med liggande position. *Sitta-zitten* illustreras i (4.51) – (4.54).

(4.51) *Sitt* fint! (till en hund)
(4.52) *Ga zitten*! (till en människa eller hund)
(4.53) Familjen *sitter* till bords.
(4.54) De familie *zit* aan tafel.

Befintlighet som betydelsedomän kan relateras till framför allt två föreställningsscheman: *behållare* och *kontakt* (se avsnittet om positionsverbens semantiska nätverk).

Behållare-schemat i relation till ett mänskligt subjekt uppfattas som att en människa (figuren) befinner sig i en grupp av människor eller ett sammanhang. Detta kan beskrivas som deltagande i å ena sidan ett formellt sammanhang där *zitten-sitta* refererar till att inneha en befattning, exempelvis i en styrelse eller regering, och å andra sidan deltagande under tvång, som i ett fängelse, jfr. (4.55) - (4.56) med (4.57) - (4.58).

(4.55) Det *sitter* 10 personer i styrelsen.
(4.56) Er *zitten* 10 personen in het bestuur.
(4.57) Förbrytaren *sitter* i fängelse.[6]
(4.58) De misdader *zit* in de gevangenis.

Exempelmeningarna ovan anger befintlighet även om man kan förmoda att en konkret sittande position förekommer i exempelvis en styrelse. Det är dock inte i fokus. Här aktiveras betydelsen deltagare i ett sammanhang.[7] En centralstation eller ett väntrum fyller inte den funktionen och en sats såsom *det sitter mycket folk i stationshallen* anger ett tydligt konkret sittande, inte deltagande i ett sammanhang av något slag som i (4.55) – (4.58). I presenteringskonstruktionerna *de finns många människor i stationshallen/er zijn veel mensen in de stationshal* används *finns* respektive *zijn* för att ange befintlighet och är den omarkerade konstruktionen.

Att det inte främst handlar om mänsklig position i exemplen (4.55) – (4.58) blir tydligt i en jämförelse med exempel där svenska och nederländska skiljer sig åt. I exempelmeningarna i (4.59) och i (4.60) använder svenska *gå i skolan* medan nederländska använder *op school zitten*, jfr.

(4.59) De *går* i skolan.
(4.60) Ze *zitten* op school.
'*De sitter på skolan'

I dessa satser handlar det inte om ett konkret sittande i skolan utan att eleverna under en längre period befinner sig i en skolmiljö. Svenska kan använda verbet *gå* för att uttrycka befintlighet över tid på en plats: eleverna befinner sig i skolvärlden under en längre period och bruket av rörelseverbet *gå* kan ses som en abstrakt rörelse i tiden. Här aktiveras tidsschemat i svenska, inte behållare-schemat. Nederländskans positionsverb *zitten* fungerar i (4.60) som exemplen ovan i (4.55) – (4.58) och uttrycker befintlighet i en grupp av människor i ett formellt sammanhang, dvs. behållare-schemat aktiveras.

Icke-mänskliga subjekt som utgör konkreta föremål eller icke fasta entiteter som vätskor, socker eller sand aktiverar nederländskans *zitten* när bakgrunden är någon sorts behållare. I (4.61-4.63) aktiveras således behållare-schemat.

(4.61a) Er *zit* wijn in het glas.
(4.61b) Det *finns/är* vin i glaset.
(4.62a) Het boek *zit* in de tas.
(4.62b) Boken *ligger* i väskan.
(4.63a) De muntjes *zitten* in mijn zak.
(4.63b) Mynten *ligger* i fickan.

Tydligt är att behållare-schemat inte föranleder användningen av *sitta* i svenskan när det gäller konkreta föremål i ett slutet utrymme. Istället aktiverar behållare-schemat *ligga* i (4.62b) – (4.63b) ovan. I avsnittet om *ligga* har denna användning fått benämningen behållare-*ligga*. För flytande vätskor och andra icke fasta entiteter används existensverben *finnas* eller *vara*, som i (4.61b), för att ange befintlighet.

Lemmens (2002) anger att *zitten* i nederländska kan aktiveras i en utvidgad betydelse relaterat till kläder som i (4.64).

(4.64) Deze jurk *zit* lekker/fijn/goed.

Detta beskrivs som att *zitten* uttrycker att personen (eller del av personen) 'sitter' bekvämt/snyggt i klädesplagget (Lemmens 2002:113-114). För dessa konstruktioner aktiveras även det s.k. kontakt-schemat där kläderna/tyget har *kontakt* med människans kropp. Här överensstämmer nederländska med svenska, jfr. (4.65).

(4.65) Den här klänningen *sitter* bekvämt/snyggt/bra.

Konstruktionen i (4.64) går att jämföra med bruket av *staan* i exempelmeningen i (4.22): *dat rokje staat je goed*. En snarlik konstruktionen är nederländskans *deze stoel zit lekker* '*den här stolen sitter bekvämt' som anger att stolen är bekväm men även att personen i stolen sitter bekvämt. Stolen blir en sorts förlängning av kroppen. Satsen kan parafraseras på svenska med konstruktionen *den här stolen är bekväm att sitta i*.

Kontakt-schemat, som nämndes ovan, kan aktivera *zitten-sitta*. Det handlar om konkreta föremåls *kontakt*, dvs. kontakt mellan figur och bakgrund som båda är konkreta, illustrerat i (4.66)–(4.67).

(4.66a) De vlekken *zaten* nog op de broek.
(4.66b) Fläckarna *satt* forfarande på byxorna.
(4.67a) Hier *zit* er nog wat!
(4.67b) Här *sitter* det lite kvar!

Vi kan benämna detta kontakt-*zitten/sitta*. Jacobsson (1996:36-39) hänvisar till föreställningschemat koppling i betydelsen angjord för svenskans *sitta* i satser som i (4.66a) – (4.67b) med negativ funktion eftersom fläckarna är ett oönskat resultat av att någon har spillt exempelvis dryck eller mat. Viberg benämner detta *attachment* för svenskan (2013:159 ff). I uttryck med *sitta fast* och *vastzitten* aktiveras också kontakt-schemat: *hon sitter fast i bilkön/zij zit in de files vast*. I vissa fall tycks även behållare-schemat vara aktiverat samtidigt som i (4.68).

(4.68a) Nyckeln *sitter* i låset.
(4.68b) De sleutel *zit* in het slot.

Exempelmeningarna i (4.68) anger att ett föremål sitter fast i ett slutet eller delvis slutet utrymme. Här kan man med fog hävda att främst kontakt-schemat är aktiverat.

I svenskan kan både *sitta* och *häng*a användas när figuren har kontakt med bakgrunden. I nederländskan används endast *hangen* 'hänga', jfr. (4.69).

(4.69a) Lappen *sitter/hänger* på anslagstavlan.
(4.69b) Het papiertje *hangt* op het prikbord.

I (4.69a) och (4.69b) är inte behållare-schemat aktiverat till skillnad mot (4.68). I nederländska och svenska kan dock *zitten-sitta* användas om kontakten mellan figuren och bakgrunden är heltäckande, vilket alltså inte är fallet i (4.69) där lappen inte sitter tätt mot bakgrunden (=anslagstavlan). I (4.70) är figuren, *etikett*, limmad på bakgrunden, *flaskan*.

(4.70a) Het etiketje *zit* op de fles.
(4.70b) Etiketten *sitter* på flaskan.

Kontakt-schemat är även aktiverat i exempelmeningen *er zat bloed op de lakens* – *det fanns/var blod på lakanen*. Den nederländska meningen kan formuleras på följande sätt: Vätskan X har fastnat på underlaget Y. Detta påminner om bruket av behållare-*zitten* i (4.61) där entiteten också är en vätska. Återigen blir det tydligt att svenskan inte använder *sitta* i relation till icke fasta entiteter utan istället används verben *finnas* eller *vara*.

I relation till kontakt-schemat kan även betydelsen omslutning nämnas (Van Staden, Bowerman & Verhelst 2006:498). Det föranleder bruket av både *sitta* och *zitten* i relation till exempelvis ett halsband som i *halsbandet sitter hårt/tätt runt halsen/de ketting zit strak om zijn nek*. En halskedja hänger vanligtvis runt halsen men om det är mer kontakt mellan hals och halsband än vid en löst hängande halskedja aktiveras *zitten-sitta*. En annan skillnad mellan nederländska och svenska utgör betydelsen negativt utrymme. Van Staden, Bowerman & Verhelst (2006:497) benämner detta *negative space* för nederländskan, som i (4.71a).

(4.71a) Er *zit* een gat in haar broek.
(4.71b) Det *finns*/är ett hål i hennes byxor.

Figuren i (4.71a), dvs. själva hålet, är det negativa utrymmet vilket föranleder bruket av *zitten* medan svenskan använder något av existensverben *finnas* eller *vara* i (4.71b).

I nederländskan och svenskan kan även vistelse, dvs. att befinna sig över tid på en viss geografisk plats, uttryckas med *zitten-sitta* som i (4.72).

(4.72a) Ik *zit* al een tijdje in de hoofdstad.
(4.72b) Jag *sitter* sedan en tid tillbaka i huvudstaden.

I (4.72a) och (4.72b) betyder *zitten-sitta* att befinna sig på en plats under en viss tid. Den svenska satsen i (4.72b) är mer markerad och det handlar inte om neutral befintlighet. Jakobsson nämner att denna användning refererar till att befinna sig på en uppehållsort under utförandet av uppdrag (1996:51). Det är alltså återigen inte fokus på ett konkret sittande och kan jämföras med exempelmeningarna i (4.55) – (4.58). Dock förekommer denna konstruktion mer produktivt i nederländskan såsom i *de familie zit op vakantie in Engeland* 'familjen har semester i England/är på semester i England' eller *zij zit in New York voor zaken* 'hon befinner sig i New York i affärer'.

Fysiskt förnimmelse såsom smärta kan också kopplas till användningen av *sitta* och *zitten* (se också Jakobsson 1996). Känslor är abstrakta men i detta fall handlar det om konkret, fysisk smärta som i exempelmeningarna för svenska i (4.73) och för nederländska i (4.74), inte om metaforisk betydelse.

(4.73a) Var *sitter* smärtan?
(4.73b) Smärtan *sitter* i magen.
(4.74a) Waar *zit* de pijn?
(4.74b) De pijn *zit* in de maag.

I dessa exempelmeningar är kroppen behållaren där smärtan finns i någon kroppsdel, som här i magen. Detta kan även gälla ett specifikt organs placering i kroppen: *lungorna sitter bakom bröstbenet/de longen zitten achter het borstbeen.*
Metaforisk betydelsedomän är produktiv för båda språken. Många konstruktioner kan benämnas metaforisk behållare där en eller två entiteter är abstrakta (se Lemmens & Perrez 2010:328). Få överensstämmelser finns mellan nederländska och svenska i bruket av positionsverb här. Vidare används *sitta-zitten* för att uttrycka känslor och kunskap av olika slag i båda språken. I vissa fall använder nederländskan *zitten* och motsvarigheten på svenska konstrueras med något av de andra två positionsverben, med *vara* eller en annan konstruktion. Det motsatta förhållandet förekommer också. Därför presenteras exemplen per språk för att ge en bild av hur *zitten* respektive *sitta* kan användas men den är långt ifrån heltäckande. I (4.75a) - (4.800a) ges exempel med nederländskans *zitten* med de svenska översättningarna i (4.75b) - (4.80b).

(4.75a) Het *zit* er dik in.
(4.75b) 'Det är mycket väl möjligt'
(4.76a) Het *zit* in de familie.
(4.76b) 'Det ligger i släkten'

Typiskt för metaforisk domän är att konstruktionerna ofta är idiom och har en betydelse som inte går att härleda ur uttryckets olika delar, dvs. uttrycket är inte genomskinligt (Lemmens & Perrez 2010, Verstraten 1992). De nederländska exempelmeningarna med *zitten* i (4.77) – (4.80) är idiom.

(4.77a) Peter heeft Sandra hoog *zitten.*
(4.77b) 'Peter håller Sandra högt'
(4.78a) De conferentie *zit* erop.
(4.78b) 'Konferensen är avslutad'
(4.79a) Op het eerste zicht zie ik dat niet *zitten.*

(4.79b) 'Till att börja med tror jag inte på det'
(4.80a) Daar zit ik nog mee.
(4.80b) 'Det grubblar jag fortarande på'

Följande exempel med *sitta* i (4.81a) – (4.85a) är representativa för den metaforiska domänen i svenskan. I (4.81b) – (4.85b) ges de nederländska översättningarna.

(4.81a) Bekännelsen *satt* långt inne.
(4.81b) 'De bekentenis kwam er met moeite uit'
(4.82a) Det *sitter* i väggarna.
(4.82b) 'Dat is traditie'
(4.83a) Nu *sitter* vi verkligen i klistret.
(4.83b) 'Nu *zitten* we echt in de puree'
(4.84a) Det *skulle* sitta fint!
(4.84b) 'Dat zou lekker zijn'
(4.85a) Det *sitter* som en smäck!
(4.85b) 'Dat heb ik goed onder de knie'

Vara-zijn

Det framgår i beskrivningen av positionsverben i svenska och nederländska hur dessa används för att beskriva mänskliga subjekts och föremåls/entiteters befintlighet. Det finns dock ett flertal kontexter när verbet *zijn* 'vara' kan användas. Van Staden, Bowerman & Verhelst (2006:494) anger att nederländskans *zijn* istället för *staan* eller *liggen* används vid *var*-frågor, se (4.86) – (4.87).

(4.86) Waar *zijn* mijn schoenen?
 'Var är mina skor?'
(4.87) Waar *is* mijn bril?
 'Var är mina glasögon?'

I (4.86) och (4.87) saknas en bakgrund som anger var figuren är förankrad i rummet i jämförelse med en deklarativ sats där antingen *staan* som i *mijn schoenen staan in de hal* 'mina skor står i hallen' används eller *liggen* som i *mijn bril ligt op tafel* 'mina glasögon ligger på bordet'. *De hal* respektive *tafel* utgör bakgrunden i dessa satser. För svenskan fungerar både *vara*, *stå* respektive *ligga* i dessa satser, jfr. (4.88) och (4.89).

(4.88) Var är/*står* mina skor?
(4.89) Var är/ligger mina glasögon?

Om bakgrundens storlek uppfattas som stor i förhållande till figuren blir bakgrunden irrelevant och då kan även *zijn* användas i vissa kontexter (Van Staden, Bowerman & Verhelst (2006:495). Det stämmer även in på svenskan, jfr. (4.90).

(4.90a) Haar meubels *zijn/staan* nog in Berlijn.
(4.90b) Hennes möbler *är/står* fortfarande i Berlin.

I (4.90) är bakgrunden, Berlin, relativt stor i förhållande till möblernas position och bruket av ett positionsverbet *staan-stå* blir fakultativt.

I presenteringskonstruktioner har *sitta* och *zitten* inte utvidgad betydelse utan anger en konkret sittande position: *det sitter många människor i väntrummet/er zitten veel mensen in de wachtkamer*. Om man endast vill ange att människor befinner sig i väntrummet används verbet *vara* respektive *zijn*, jfr. (4.91).

(4.91a) Det *är* många människor i väntrummet.
(4.91b) Er *zijn* veel mensen in de wachtkamer.

I en jämförelse mellan satserna i (4.91) och (4.92) framgår att *sitta* respektive *zitten* har en annan funktion, jfr.

(4.92a) Hon *sitter* i regeringen.
(4.92b) Zij *zit* in de regering.

Exempelmeningarna i (4.92a) och (4.92b) anger att det mänskliga subjektet har en funktion och befinner sig i styrelsen för att utföra ett uppdrag och är det omarkerade verbet. Exempelmeningarna i (4.91a) och (4.91b) anger endast befintlighet och om man byter ut *vara* respektive *zijn* mot *sitta* respektive *zitten* skiftar betydelsen till konkret sittande position.

Sammanfattning

Ur positionsverbens prototypiska antropocentriska användning kan många utvidgade betydelser härledas. De utvidgade betydelserna kan kopplas till domänerna befintlighet och metaforisk användning. Nederländska och svenska uppvisar både likheter och skillnader vad gäller dessa två domäner. Störst överlappande bruk kan observeras för nederländskans *staan* och svenskans *stå*. Föremålets funktionella sida och att det stöds underifrån aktiverar användningen av verbet. Vad gäller *liggen* – *ligga* är det den horisontella positionen som är i fokus vilket är kopplat till föremålets längd eller utbredning. Dock skiljer sig nederländskan och svenskan åt i det att behållare-schemat främst aktiveras för svenskans *ligga*, inte för nederländskans *liggen*. I nederländskan är det istället för *zitten* som behållare-schemat aktiveras i större utsträckning när föremålets bas inte främst är i fokus utan när föremålet/entiteten befinner sig i ett slutet utrymme som kan vara konkret eller abstrakt. I de fall svenskan inte använder *sitta* för motsvarande satser på nederländska tas *ligga* eller existensverb som *finnas* eller *vara* i bruk. I Vibergs undersökning av positionsverb i ett antal språk är det just de germanska språkens bruk av motsvarigheten till svenskans *sitta* i kombination med icke-mänskliga subjekt där språken uppvisar störst skillnader sinsemellan (2013:159). Verbens metaforiska betydelser skiljer sig dock störst åt mellan nederländska och svenska och som språklärare måste dessa uttryck ofta läras in som separata lexikala enheter.

Noter

1. De nederländska och italienska exempelmeningarna i detta avsnitt kommer från en artikel som diskuterar hur det nederländska språket som *satellite-framed* skiljer sig från italienskan som *verb-framed* (Ross 2016:78).

2. Det som har utsträckning i rummet och som kan observeras räknas som konkret, exempelvis människor, djur och saker. Det som inte har utsträckning i rummet räknas som abstrakt såsom känslor och tankar.

3. Lemmens (2002) benämner dessa entiteter *non-rigid objects*.

4. Van Staden, Bowerman & Verhelst nämner att *zitten* i undantagsfall kan ange geografisk position såsom i *de bakkerij zit op de hoek* (=*bageriet sitter på hörnet) 'bageriet ligger på hörnet'. Denna

användning fungerar endast om figuren utgör en verksamhet som har en funktion (2006:499).

5. *Eruit liggen* kan även betyda *vara i onåd*.

6. Om anstaltens namn anges används prepositinen *på* som i *de sitter på Ulleråker*.

7. Verben *stå-staan* och *ligga-liggen* har en liknande funktion i vissa lexikaliserade uttryck såsom i svenskans *stå i bostadskön, stå med på listan* och *ligga i lumpen* respektive i nederländskans *op de lijst staan* 'stå med på listan' och *hij lag op de Veluwe* 'han låg i lumpen på Veluwe'. I dessa satser är det uppenbart inte positionen det handlar om utan befintlighet i form av deltagande i ett specifikt sammanhang.

5. Avslutande diskussion

Vid tredjespråksinlärning för vuxna kan man med fördel dra nytta av inlärarens kunskaper i tidigare inlärda språk. Det innebär att inlärarens L1 och tidigare inlärda L2 kan utgöra en resurs vid inlärningen av ytterligare ett språk. Speciellt när något eller några av bakgrundsspråken visar typologisk närhet med inlärarens L3 kan dessa fungera som en viktig resurs. Det är här tvärspråklig medvetenhet kommer in i bilden och hur inläraren kan bli medveten om hur språkliga strukturer fungerar i olika språk genom att till exempel jämföra språkliga strukturer hos tidigare inlärda språk.

Med detta som utgångspunkt har inläraren möjlighet att utveckla en strategi vid inlärningen av ett tredje språk där hen så att säga uppmärksammar vilken sorts strukturer som kan transfereras vid inlärningen av ett tredjespråk och därmed skapa positiv transfer (se inledningen): - hur kan jag förstå hur språket jag just nu studerar fungerar genom att jämföra med tidigare inlärda språk? I undervisningen kan läraren på olika sätt stödja och/eller fördjupa tvärspråklig medvetenhet hos inläraren. Som exempel kan vi ta förståelsen av den välkända V2-regeln (verbet på andra plats i satser) som gäller både i nederländska och svenska. En inlärare av nederländska som L3 med svenska som L1 kan dra nytta av att båda språken har samma syntaktiska regel. Ändå är det vanligt att inlärare i ett relativt tidigt inlärningsskede frekvent producerar s.k. rak ordföljd såsom i *gisteren ik _was_ ziek - *igår jag _var_ sjuk istället för gisteren _was_ ik ziek - igår _var_ jag sjuk. I undervisningen är det således viktigt att uppmärksamma denna regel och samtidigt jämföra med svenskan. Dessutom kan det

---

Hur du refererar till det här kapitlet:
Johansson, A. 2019. *Kontrastiva studier i nederländska och svenska: Med en inledning om tredjespråksinlärning och tvärspråklig medvetenhet.* Pp. 78–81. Stockholm: Stockholm University Press. DOI: https://doi.org/10.16993/baz.f License: CC-BY.

Avslutande diskussion 79

vara en poäng att förtydliga att rak ordföljd är typisk för engelsk syntax eftersom engelska är en av inlärarnas L2 och därmed kan L2-statusfaktorn vara aktiverad (se Hammarberg 2016). Här kan även ordföljd i andra språk diskuteras beroende på hur gruppen inlärare ser ut. Att utgå ifrån att två liknande strukturer i två närbesläktade språk är något inläraren automatiskt uppmärksammar stämmer alltså inte, utan fokus på tvärspråklig medvetenhet är en viktig komponent i språkundervisningen.

Strukturerna som behandlas i denna bok har inte tidigare tagits upp i kontrastiva grammatikor eller i undervisningsmaterial för nederländska och svenska. Det kontrastiva perspektivet med en beskrivning av hur dessa strukturer fungerar i respektive språk kan användas i språkundervisningen för att skapa tvärspråklig medvetenhet hos inlärare av språkparen nederländska och svenska.

Positionsverbens tre kategorier fångar tydligt nederländskans och svenskans bruk av dessa verb: mänsklig position, befintlighet och metaforiskt bruk. Med dessa kategorier som utgångspunkt i undervisningen kan man fokusera på skillnader och likheter inom kategorierna vad gäller exempelvis behållare- eller kontakt-schemat eller betydelsen funktionell sida beträffande bruket av *staan-stå* (se kapitel 4). Svenskspråkiga inlärare av nederländska överproducerar verbet *zijn* i kontexter där ett positionsverb är mer idiomatiskt trots att samma positionsverb även används i inlärarens L1, dvs. svenska.

Huruvida dessa kategorier kan vara ett stöd vid inlärningen av positionsverbens funktion och bruk testades hos inlärare i nederländska som L3 med svenska som L1 i ett lucktest där inlärarna fick fylla i något av verben *staan* 'stå', *zitten* 'sitta', *liggen* 'ligga' eller *zijn* 'vara' i 20 meningar. Dessa meningar tog upp de mest typiska betydelser inom de tre semantiska kategorierna, till exempel behållare-*zitten*, såsom i *de beurs ..... in de tas* 'plånboken .... i väskan'. Inför nästa testomgång en månad senare fick inlärarna i uppgift att läsa en artikel om de nederländska positionsverben och under ett seminarium behandlade läraren positionsverben med fokus på nämnda kategorier. Direkt efteråt fick inlärarna fylla i ett nytt lucktest med 20 meningar. Det visade sig att i princip samtliga inlärare utförde andra testet bättre och flera inlärare uttryckte även att de äntligen förstod både hur de svenska och nederländska positionsverben fungerar (Johansson

2018; Johansson & Nieuweboer 2018). Samma testupplägg och undervisning om de nederländska positionsverben ägde rum med inlärare av nederländska som L3 och finska som L1. Här blev resultatet ett annat då ingen större skillnad mellan den första och andra testomgången framkom (Johansson & Nieuweboer 2018). Vissa skillnader i upplägget gjorde sig dock gällande. Eftersom finskans positionsverb inte går att dela in i de tre nämnda kategorierna ovan utan främst används för att ange mänsklig konkret position kunde inte läraren göra samma kontrastiva jämförelse mellan finska och nederländska som var möjligt mellan nederländska och svenska. De tre semantiska kategorierna som gäller för nederländska beskrevs däremot ingående. I finskan är det framför allt verbet *olla* 'vara' som används för kategorin befintlighet inte positionsverb som i nederländska och svenska (jfr. romanska språk, kapitel 4). De finskspråkiga inlärarna måste således utifrån en semantisk kategori som utgörs av verbet *olla* rekonstruera tre semantiska kategorier som representeras av de nederländska positionsverben *staan, zitten* och *liggen* (jfr. Lemmens & Perrez 2012). Detta är en invecklad process och kräver troligen mer tid för de finskspråkiga inlärarna än för de svenskspråkiga. Här kan inlärarna inte heller använda sig av engelskan som en resurs då de tre semantiska kategorierna för positionsverben även saknas i engelskan. För denna språkinlärningssituation skulle de finskspråkiga inlärarna istället kunna använda ett annat av sina L2 som resurs, nämligen svenska. En jämförelse med svenskan skulle kunna fylla en funktion och på så sätt skapa tvärspråklig medveten om denna språkstruktur i nederländska (Johansson & Nieuweboer 2018:274-275).

Nederländska och svenska har liknande strukturer för opersonliga passiver och andra opersonliga konstruktioner. Dock har forskning visat att opersonlig passiv i nederländska används mer frekvent än i svenska (Rawoens, Johansson & Boons 2016; Johansson & Rawoens 2019). Svenska uppvisar istället preferens för opersonliga *man*-konstruktioner i kontexter som i nederländska motsvaras av opersonlig passiv. Nederländskans motsvarighet till svenskans *man* är pronomenet *men* som dock används betydligt mindre frekvent. Kunskap om hur respektive språk använder opersonliga konstruktioner kommer till användning i bland annat

Avslutande diskussion 81

språkundervisning om vetenskapligt skrivande på nederländska där svenskspråkiga inlärare får träna på att använda opersonlig passiv i sin skriftliga produktion och på så sätt undvika den nederländska *men*-konstruktionen som är relativt ovanlig. Det motsatta gäller nederländskspråkiga inlärare av svenska som istället får träna på *man*-konstruktionen. Beträffande opersonliga konstruktioner kan man på djupet ta upp de olika kontexter där opersonligt pronomen förekommer och hur det skiljer sig åt mellan språken, till exempel nederländskans obetonade *je* 'du' såsom i *je hoort zulke dingen niet te zeggen* och att svenskans *man* är det vanligaste sättet att även i vardagligt språk uttrycka opersonlig icke-specifik betydelse, jfr. med satsen ovan: *man får inte säga sådana saker*. Ett annat exempel på frekvent vardagligt språk som kan behandlas i undervisningen i språkfärdighet är nederländskans opersonliga passiv i kombination med s.k. ljudkälleverb där svenskan i sin tur använder en opersonlig aktiv konstruktion, jfr.: *er wordt gebeld* '*det rings' och *det ringer*.

De övriga två språkliga strukturer som boken behandlar visar hur två närbesläktade språk kan skilja sig åt formmässigt och hur grammatisk kategorisering i respektive språk därmed kan skilja sig åt. Rumsliga uttryck för befintlighet och riktning visar hur det i svenskan finns ett tydligt morfologiskt system för hur riktning respektive befintlighet uttrycks (*hit-här, hem-hemma* och så vidare) medan nederländskans system förefaller mer invecklat och utgörs av delvis lexikaliserade fraser. Här saknas samma systematik som för svenskan. I fallet med kopulaverb kategoriseras språken olika beträffande vad som är kopulaverb respektive subjektspredikativ (*naamwoordelijk deel van het gezegde*) vilket hänger ihop med att språken uppvisar skillnader formmässigt. Att uppmärksamma dessa likheter och skillnader, dvs. tvärspråklig medvetenhet, kan leda vidare till utforskande av ytterligare strukturer i nederländska och svenska eller andra språk som ännu inte fångats upp i grammatikor eller i språkforskningen. Dock spelar kategoriseringen en viktig roll i sådan forskning eftersom två på ytan liknande språkliga strukturer kan definieras olika grammatiskt, uppvisa olika frekvens i sitt bruk och fylla olika funktioner i respektive språk. Detta måste tas hänsyn till vid kontrastiv språkforskning.

Litteraturlista

Allén, Sture. 1971. *Nusvensk frekvensordbok baserad på tidningstext.* Del 2. Stockholm: Almqvist & Wiksell international.

Altenberg, Bengt. 2005. 'The generic person in English and Swedish. A contrastive study of one and man.' *Languages in Contrast* 5 (1), s. 93-120. https://doi.org/10.1075/lic.5.1.08alt.

Bardel, Camilla & Falk, Ylva. 2012. 'The L2 status factor and the declarative/procedural distinction.' *Third Language Acquisition in Adulthood.* Ed. Cabrelli Amaro, Flynn & Rothman, s. 61-78. Amsterdam/Philadelphia: John Benjamins.

Beliën, Maaike. 2016. 'Dutch impersonal passives. Beyond volition and atelicity.' *Linguistics in the Netherlands 2016*, s. 1-13. DOI: https://doi.org/10.1075/avt.3301bel.

Boers, Frank, De Rycker, Antoon & De Knop, Sabine. 2010. 'Fostering language teaching efficiency through Cognitive Linguistics: Introduction.' *Fostering Language Teaching Efficiency through Cognitive Linguistics.* Red. Sabine De Knop, Frank Boers & Antoon De Rycker, s. 1-26. Berlin & New York: Mouton de Gruyter. https://doi.org/10.1515/9783110245837.

Carnie, Andrew & Harley, Heidi. 2005. 'Existential impersonals'. *Studia Linguistica* 59, s. 46-65.

Comrie, Bernard. 1977. 'In defense of spontaneous demotion: The impersonal passive'. *Grammatical relations.* Red. Peter Cole & Jerrold Sadock, s. 47-58. New York: Academic Press.

Cook, Vivian. 2016. 'Transfer and the Relationships between Languages of Multi-Competence'. *Crosslinguistic Influence in Second Language Acquisition.* Red. Rosa Alonso Alonso, s. 24-37. Bristol; Buffalo: Multilingual Matters. https://doi.org/10.21832/9781783094837

Coussé, Evie & van der Auwera, Johan. 2012. 'Human impersonal pronouns in Swedish and Dutch. A contrastive study of man and men'.

Languages in Contrast 12 (2), s. 121-138. https://doi.org/10.1075/lic.12.2.01cou

De Angelis, Gessica, Jessner, Ulrike & Kresic, Marijana. 2015. 'The Complex Nature of Crosslinguistic Influence in Multilingual Learning'. *Crosslinguistic Influence and Crosslinguistic Interaction in Multilingual Language Learning*. Red. De Angelis, Gessica, Jessner, Ulrike & Kresic, Marijana, s. 1-10. London: Bloomsbury Academic

De Angelis, Gessica & Selinker, Larry. 2001. 'Interlanguage Transfer and Competing Linguistic Systems in the Multilingual Mind'. *Crosslinguistic Influence in Third Language Acquisition: Psycholinguistic Perspectives*. Red. Cenoz, J, Hufeisen, B & Jessner, U, s. 42-58. Clevedon: Multilingual Matters LTD.

De Knop, Sabine, & Perrez, Julien. 2014.'Conceptual metaphors as a tool for the efficient teaching of Dutch and German posture verbs.' *Review of Cognitive Linguistics* 12 (1), s. 1-29.

De Knop, Sabine. 2015.' Conceptual tools for the description and acquisition of the German posture verb *sitzen*.' *Corpus Linguistics and Linguistic Theory* 11 (1), s. 127-160. DOI: https://doi.org/10.1515/cllt-2014-0003

Deskriptiv svensk grammatik. 1993. Red. Holm, Britta & Nylund, Elizabeth. Stockholm: Skriptor/Almqvist & Wiksell.

Engdahl, Elisabet. 2006. 'Semantic and syntactic patterns in Swedish passives'. *Demoting the Agent. Passive, middle and other voice phenomena*, Solstad. Red. Torgrim & Lyngfelt, Benjamin, s. 21-45. Amsterdam: John Benjamins.

Engdahl, Elisabeth & Laanemets, Anu. 2015. 'Opersonlig passiv i danska, norska och svenska – en korpusstudie'. *Norsk Lingvistisk Tidsskrift*, Årgång 33, s. 129-156.

Falk, Cecilia. 1993. *Non-referential subjects in the history of Swedish*. Lund: Department of Scandinavian Languages.

Falk, Ylva, Lindqvist, Christina & Bardel, Camilla. 2013. 'The role of L1 explicit metalinguistic knowledge in L3 oral production at the initial state.' *Bilingualism: Language and Cognition*, 18, s. 227-235. DOI: https://doi.org/10.1017/S1366728913000552

Flynn, S, Foley, C & Vinnitskaya I. 2004. 'The Cumulative-Enhancement Model for Language Acquisition: Comparing Adults' and Children's Patterns of Development in First, Second and Third Language Acquisition of Relative Clauses'. *The International Journal of Multilingualism*, 1, s. 3-16.

Grondelaers, Stefan, Speelman, Dirk & Geeraerts, Dirk. 2008. 'National variation in the use of er 'there'. Regional and constraints on cognitive explanations.' *Cognitive sociolinguistics: language variation, cultural models, social systems*. Red. Kristiansen, Gitte & Dirven, René, s. 153-204. Berlin: Walter de Gruyter.

Hammarberg, Björn. 2001.'Roles of L1 and L2 in L3 Production and Acquisition'. *Cross-linguistic Influence in Third Language Acquisition: Psycholinguistic Perspectives*. Ed. Cenoz, J, Hufeisen, B & Jessner, U, s. 21–41. Clevedon: Multilingual Matters LTD.

Hammarberg, Björn. 2016. 'Flerspråkighet och tredjespråksinlärning.' *Tredjespråksinlärning*. Red. Camilla Bardel, Ylva Falk & Christina Lindqvist, s. 33-58. Lund: Studentlitteratur.

Haeseryn, W., Romijn, K., Geerts, G., De Rooij, J. & Van den Toorn, M. C. 1997. *Algemene Nederlandse Spraakkunst*. Groningen/Deurne: Martinus Nijhoff uitgevers/Wolters Plantyn. (= ANS).

Jakobsson, Ulrika. 1996. *Familjelika betydelser hos stå, sitta och ligga – en analys ur den kognitiva semantikens perspektiv*. Nordlund 21. Lunds universitet: Institutionen för nordiska språk.

James, Carl. 1996. 'A crosslinguistic approach to language awareness.' *Language Awareness* 5, s. 138-148. DOI: https://doi.org/10.1080/09658416.1996.9959903

Jessner, Ulrike. 2006. *Linguistic Awareness in Multilinguals. English as a Third Language*. Edinburgh University Press: Edingburgh.

Jessner, Ulrike, Megens, Manon & Graus, Stefanie. 2016. 'Crosslinguistic Influence in Third Language Acquisition'. *Crosslinguistic Influence in Second Language Acquisition*. Red. Rosa Alonso Alonso, s. 193-214. Bristol; Buffalo: Multilingual Matters LTD.

Johansson, Annika. 2006. *Nederländskans komen och svenskans komma. En kontrastiv undersökning.* Acta universitatis Stockholmiensis. Stockholm Studies in Scandinavian Philology. 40. Stockholm: Almqvist & Wiksell International.

Johansson, Annika. 2012. 'Tvärspråklig influens vid inlärning av främmande språk.' *Languages for its own sake: Essays on Language and Literature offered to Harry Perridon.* Red. Henk Van der Liet & Muriel Norde, s. 385-393. Amsterdam: Scandinavisch Instituut, Universiteit van Amsterdam.

Johansson, Annika. 2018. 'Tredjespråksinlärning och metalingvistisk medvetenhet - ett didaktiskt perspektiv.' *TijdSchrift voor Skandinavistiek* 36 (2), s. 182-188.

Johansson, Annika & Nieuweboer, Rogier. 2018. 'Verwerving van de Nederlandse positiewerkwoorden *staan, zitten* en *liggen*.' *Internationale Neerlandistiek* 56 (3), s. 265-276. https://doi.org/10.5117/IN2018.3.006.JOHA

Johansson, Annika & Rawoens, Gudrun. 2019. 'A corpus-based contrastive study of impersonal passives in Swedish and Dutch'. *Languages in Contrast* 19 (1), s. 2-26. https://doi.org/10.1075/lic.16003.joh

Kellerman, Eric. 1983. 'Now you see it, now you don't'. *Language transfer in language learning.* Eds. Gass, S. M., & Selinker, L. RowleyMA: Newbury House.

Kellerman, E., Sharwood-Smith, M. 1986. *Crosslinguistic Influence in Second Language Acquisition.* Language Teaching Methodology Series. Oxford: Pergamon Press.

Kirsner, Robert. 1976. 'On the subjectless "pseudo-passive" in standard Dutch and the semantics of background agents'. *Subject and Topic.* Red. Charles N. Li, s. 386-415. New York: Academic Press.

Kirsner, Robert. 1976-1977. 'De "onechte lijdende vorm"'. *Spektator* 6, s. 1-18.

Klooster, Wim. 2001. *Grammatica van het hedendaags Nederlands.* Den Haag: Sdu Uitgevers.

Lakoff, George & Johnson, Mark. 1980. *Metaphors we live by.* Chicago & London: The University of Chicago Press.

Lemmens, Maarten. 2002. 'The semantic network of Dutch posture verbs'. *The Linguistics of Sitting, Standing and Lying*. Red. John Newman, s. 103-139. Amsterdam & Philadelphia: John Benjamins.

Lemmens, Maarten & Perrez, Julien. 2010. 'On the use of posture verbs by French-speaking learners of Dutch: A corpus-based study.' *Cognitive Linguistics* 21(2), s. 315-347. https://doi.org/10.1515/COGL.2010.012

Lemmens, Maarten & Perrez, Julien. 2012. 'A Quantitative analysis of the use of posture verbs by French-speaking learners of Dutch.' *CogniTextes* 8. (http://cognitexes.revues.org/533).

Newman, John. 2002. 'A Cross-linguistic Overview of the Posture Verbs 'sit', 'stand', and 'lie". *The Linguistics of Sitting, Standing, and Lying*, Red. Newman, John, s. 1-24. Amsterdam: John Benjamins.

Odlin, T. 1989. *Language transfer: Crosslinguistic influence in Language Learning*. Cambridge: Cambridge University Press.

Odlin, T. 2003. 'Cross-linguistic influence.' *The Handbook of Second Language Acquisition*. Red. Doughty, C. and Long, M., s. 436-486. Oxford: Blackwell.

Odlin, T. 2016. 'Was there really ever a contrastive analysis hypothesis?' *Crosslinguistic Influence in Second Language Acquisition*. Red. Rosa Alonso Alonso, s. 1-23. Bristol; Buffalo: Multilingual Matters. https://doi.org/10.21832/9781783094837

Pettersson, Björn. 1978. *Spridda studier i svenska, särskilt finlandssvenska*. Institutionen för filologi: Tammerfors universitet.

Ramat Giacalone, Anna & Sansó, Andrea. 2007. 'The spread and decline of indefinite *man*-constructions in European languages. An areal perspective.' *Europe and the Mediterranean as Linguistic Areas*, Red. Paolo Ramat & Elisa Roma. Amsterdam: John Benjamins.

Rawoens, Gudrun, Johansson, Annika & Boons, Heleen. 2016. 'Het onpersoonlijk passief in het Nederlands en het Zweeds'. *Internationale Neerlandistiek*, 54:2, s. 99-116. https://doi.org/10.5117/IN2016.2.RAWO

Ringbom, Håkan. 2007. *Cross-linguistic similarity in foreign language learning*. Clevedon, Buffalo and Toronto: Multilingual Matters LTD.

Ross, Dolores. 2016. 'Actie- en bewegingswerkwoorden. Noord-Zuidcontrasten in vertaling'. *Lage Landen Studies* 7, Red. Van der Heide H., Pos, A., Prandoni, M. & Ross, D. s. 77-100. Gent: Academia Press.

Rothman, Jason. 2011. 'L3 syntactic transfer selectivity and typological determinacy: The typological primacy model'. *Second Language Research* 27, s. 107-127. DOI: https://doi.org/10.1177/0267658310386439

Sassen, A. 1978. Over een vergeten koppelwerkwoord: *komen*. *De nieuwe taalgids*: 71, s. 582–593.

Slobin, Dan I. 1996. 'Two Ways to Travel'. *Grammatical Constructions. Their Form and Meaning* Red. Shibatani, Masayoshi & Thompson, Sandra, A, s. 195-219. Oxford: Clarendon Press.

Talmy, Leonard. 1985. 'Lexicalization Patterns: Semantic Structure in Lexical Forms'. *Language typology and lexical description: Vol. 3. Grammatical categories and the lexicon*, Red. Timothy Shopen, s. 36-149. Cambridge: Cambridge University Press.

Talmy, Leonard. 2000. *Toward a Cognitive Semantics. Volume I, Concept Structuring Systems* (Language, speech, and communication). Cambridge & London: MIT Press.

Teleman, Ulf, Hellberg, Staffan & Andersson, Erik. 1999. *Svenska Akademiens grammatik*. Stockholm: Svenska Akademien & Norstedts Ordbok. (= SAG)

Van Dale Groot woordenboek det Nederlandse taal. 2015. Utrecht/Antwerpen: Van Dale Lexicografie.

Vandeweghe, Willy. 2000. *Grammatica van de Nederlandse zin*. Leuven-Apeldoorn. Leuven-Appeldoorn: Garant Uitgevers.

Van Oosten, Jeanne. 1984. 'Sitting, standing and lying in Dutch: A cognitive approach to the distribution of the verbs Zitten, Staan and Liggen'. *Dutch Linguistics at Berkeley*. Red. Van Oosten, J & Snapper, J. Berkeley: Dutch Studies Program, s. 137–160. University of California, Berkeley.

Van Staden, Miriam, Bowerman, Melissa & Verhelst, Mariet. 2006. 'Some properties of spatial description in Dutch'. *Grammras of space*. Red. Levinson, Stephen C, & Wilkins, David S, s. 475-511. Cambridge: Cambridge University Press.

Velupillai, Viveka. 2012. *An Introduction to Linguistic Typology*. Amsterdam: John Benjamins Publishing Company.

Vendler, Zeno. 1967. *Linguistics in Philosophy*. Ithaka (N.Y.): Cornell University Press.

Verhagen, Arie. 1992. 'Praxis of linguistics: Passives in Dutch'. *Cognitive Linguistics* 3 (3), s. 301-342.

Verstraten, Linda. 1992. *Vaste verbindingen. Een lexicologische studie vanuit cognitief-semantisch perspectief naar fraseologismen in het Nederlands*. Utrecht: Uitgever Led.

Viberg, Åke, Ballardini, Kerstin & Stjärnlöf, Sune. 2009 (1986). *Målgrammatiken svensk grammatik på svenska*. Stockholm: Natur & kultur.

Viberg, Åke. 2010. 'Swedish Impersonal Constructions from a Cross-linguistic Perspective. An Exploratory Corpus-based Study'. *Orientalia Suecana* LIX, s. 122-158.

Viberg, Åke. 2013. 'Posture verbs: A multilingual contrastive study'. *Languages in Contrast* 13 (2), s. 139-169. https://doi.org/10.1075/lic.13.2.02vib

Vogel, Anna. 2011. *Språket, kroppen och tankarna*. Studentlitteratur: Lund.

Weerman, Fred. 2006. 'It's the economy, stupid! Een vergelijkende blik op *men* en *man*.' Nederlands tussen Duits en Engels. Handelingen van de workshop op 30 september en 1 oktober 2005 aan de Freie Universität Berlin.' Red. Hüning, Matthias, Vogl, Ulrike, Van der Wouden, Ton & Verhagen, Arie, s. 19-46. Leiden: SNL-reeks.

Zaenen, Annie. 1993. 'Unaccusativity in Dutch: Integrating syntax and lexical semantics'. *Semantics and the lexicon*, Red. Pustejovsky, James, s. 129-161. Dordrecht: Kluwer Academic Publishers.

www.ingramcontent.com/pod-product-compliance
Lightning Source LLC
Chambersburg PA
CBHW070855050426
42453CB00012B/2221